JN439289

매화 눈트는 이 아침에

매화 눈트는
이 아침에

김경희 수필 · 칼럼집

신아출판사

수필과 낙엽의 의미

수필은 고향의 강 같은 것이요 귀농인의 전원주택 같은 것이다. 산으로 비유한다면 산장지기가 있는 산카페 같은 것이다. 그리하여 아무 때나 찾아가 강물에 내 얼굴 비춰보며 형과 아버지 모습을 들여다볼 수 있는 강이 되고, 세속에 찌든 살림과 삭아버린 공기를 외면하고 자연의 품 안에서 등불 밝히고 젊지 않는 아내와 한 두 마디 언어로 하루해를 보낼 수 있는 전원주택 같은 풍경이 될 수 있다. 또한 팍팍한 생활 속에서 떠나와 순한 짐승처럼 산속으로 기어들어가다 힘 부치면 산장 문 밀고 들어가 산장 주인과 차 한 잔 마시며 어젯밤 큰 짐승이 지나갔느냐고 한갓지게 대화할 때, 별이 내려와 옆에 있어도 좋은 그런 산카페 같은 풍경이 수필의 성격 속에는 있어 좋다.

가을 낙엽은 자연이 우리에게 보낸 엽서요 편지이다. 생명의 잔고를 살펴보라는 신의 메시지 같은 것이기도 하다. 마음의 옷을 벗고 겸허한 자세로 앉아 눈 감고 명상해 볼 일이다. 속이 빈 나무는 끝내 꺾이고 만다. 속이 충실치 못한 나무는 잎을 피울 수 없으며 가을이 와도 낙엽을 지닐 수 없다. 깊어 가는 가을 밤 외로움도 향기인 양 마음에 젖는 시간 속에서 차라도 한 잔 마시면서 '나 홀로의 고민스러움'의 진정한 성찰에서 오는 허허로움 속 채워지는 슬기의 맛을 느껴볼 일이다. 그리고 수필 쓰는 사람으로 살아오면서 얼마만큼의 인품과 글의 격을 높이어 왔는가를 더듬어 볼 일이다. 그리하여 수필과 낙엽은 자기 응시와 비판적인 성찰의 측면에서 볼 때 서로 열린 통로가 된다는 생각이다.

이 칼럼집에 모인 수필적 칼럼은 3년여 동안 월요일에 쓴 전북매일신문 모악카페의 글들이 많다. 칼럼을 쓰면서도 수필의 성격에서 동떨어지지 않는 글을 써야겠다고 마음먹었다. 마음 같아서는 문화적 향기로운 이야기를 쓰고 싶었다. 그러나 우리 사는 세상이 어디 그리 만만하여 천국의 안방이던가. 자연스럽게 조금씩 보지 말아야 하고 생각지 않아야 할 사건들로 붓대가 꼿꼿해질 때가 있었다. 또한 자연을 그르치고 착한 사람을 우롱하며 제 탐욕에 시력을 상실한 이들에게는 '네 자신을 들여다보라.'는 뜻에서 순리의 확대경이

나 현미경을 손에 쥐어주고 싶은 글도 있다. 그럼으로써 지난 이야기가 되고 시대에 따른 글들로 오늘의 눈으로 읽고 해석하기에는 안타까운 부분이 있음을 이해해 주시기 바란다.

편의상 5부로 나눴다. 제1부가 오래된 글이요 끝부분 이야기가 어제에 가깝다. 한 편의 글을 읽고 나면 최소한 차 한 잔을 마시고 난 뒤의 개운함과 정신적 맑아짐이 있어야 한다고 본다. 그리고 산사에서 정성으로 우려낸 수제 차는 못 따라갈지라도 최소한 자판기 커피 맛은 벗어나야 했다. 또한 종이컵 봉지차같이 맹물에 조약돌 삶은 맛은 아니어야 한다고 생각했다. 생각 같아서는 내 글방 앞에 보초를 세우고 온 힘을 다해 열정적으로 쓰고 싶었다. 그리고 진정한 작가는 시대와 불화不和해야 한다는 뜻도 곁에 두었다.

앞으로도 쓸 것이다. 엄숙 단정한 정신력으로, 내 호가 남계南谿이니 남계의 글을 쓸 것이다. 그리고 모든 것은 내 몫으로 남을 것이다. 전라북도 문예진흥기금 덕도 보았다. 책을 내는 데 도움을 주신 분도 있다. 감사드린다. 이제 먼 산으로 눈길을 돌리고 싶다.

2009. 12

南谿 김 경 희

차례

제 1 부 우리는 이 땅의 영원한 비정규직

제 2 부
새만금을 위한 전북인의 좌향좌 정신

제3부
노인문화를 가꾸는 나라가 선진국이다

제 4 부
수레를 끄는 소처럼

제 5 부
비빔밥의 꿈

제1부

우리는 이 땅의 영원한 비정규직

더불어 생각하는 삶

오늘은 한글날이요 엊그제는 한가위 명절이었습니다. 좋은 철에는 배 부르고 뜻 두렷한 역사적 명절이 이웃해 있어 좋다는 생각입니다. 개인사로 본대도 한글날 〈모악카페〉가 문을 열게 된 점에 있어 의미를 두고자 합니다. 또한 어린 백성들의 표현에 자유를 주고자 나라 글을 만들기 위해 궁내에 정음청正音廳을 설치하고 '한글'을 창제한 세종대왕님의 높푸른 정신과 의지가 보름달같이 우러러집니다. 동시에 이에 동참한 성삼문 · 신숙주 · 최항 같은 학자들의 노고와 그 결실이 있었기에 오늘 내가 이 글을 쓸 수 있다는 생각을 갖기도 합니다. 한편 '솔방울이 독도구르르 굴러간다.'는 말을 세계 어느 나라 문자로도 바꾸어 표현할 수 없다는 점에 있어 가슴 뻐근해지는 자존심입니다.

추석 명절 귀향 물결 또한 세계 어느 곳에서도 찾아볼 수 없는 교훈적 사건이요 민족정신의 원대한 숨결의 이동입니다. 고향에는 부모님이 계시고 조상 정신이 해묵은 정자나무 뿌리마냥 효의 문화라는 이름으로 뻗어 내려져 있습니다. 그래서 연어가 바다에서 모천으로 회귀하기 위해 죽을 힘을 다해 폭포수를 거슬러 뛰어오르듯 귀향길에 나섭니다. 이 정신이, 이 맥이, 우리 문화의 길이요 색채이며 마음의 태극문양일 것입니다.

'눈이 부시게 푸르른 날은 그리운 사람을 그리워 하자.'고 어느 시인은 노래했습니다. 푸른 하늘을 머리에 이고 사는 우리는 울지 말고 살아야 합니다. 국가 경영이 뜻 같지 않아도, 국가 주변 상황이 마음 거슬려도, 아들 녀석 취직 걱정이 태산 같아도, 보너스가 없었다 해도 울지 말고 살아야 합니다. 그리고 잠시 눈을 자연으로 돌려 들길을 걸어보는 것이 좋습니다.

코스모스 없는 가을 길을 생각할 수 없습니다. 그 길을 따라 가면 시골 초등학교가 나오고 학교 운동장에는 만국기가 펄럭입니다. 그리고 그 안에서는 온 동네 사람들이 모여 막걸리 몇 통 갖다놓고 마음껏 마시고 달리면서 손뼉치고 외치고 응원하며 더불어 즐거웠던 우리였습니다.

내 생애 가장 즐거웠던 시절은 시골집에서 할머니 무릎을 베고 누워 잠자던 순간이요 초등학교 때 운동회 날의 즐거움인 것 같습니다. 그런 밑바탕 추억 때문인지 엊그제 추석에도 나는 가까운 용진의 간중초등학교 길을 걸었습니다. 길은 곧게 나 있었습니다. 길

양 옆 코스모스는 강같이 피어 해맑았습니다. 누가 이 꽃의 원산지가 멕시코라고 하겠습니까. 연작 피해 없이 그 장소 그곳에서 어김없이 피어 하늘을 우러러 하늘하늘 손짓하는 이 꽃에서 나는 고향의 낯익은 얼굴들을 만날 수 있었습니다. 그리고 유관순 누나의 독립만세 소리도 들었습니다. 가슴 편한 이 꽃길 속을 걸을 때, 내 마음은 여리시 하늘빛 물빛이 되어 육신은 가벼워지고 정신은 영롱해졌습니다.

내년 추석에는 손자 녀석 손목을 잡고 이 코스모스 꽃길을 함께 걷고 싶습니다. 그리고 그리운 사람을 그리워하며 모두에게 편지를 쓰겠습니다.

코스모스 꽃길을 걸으며 들녘사람이 되면 행복해집니다. 그리고 한순간 떠오르는 상념에 즐거움을 느끼게 됩니다. 어느 해인지는 몰라도 통일이 된다면 그 해 팔월 대보름날이 될 것이요 아니면 한글날일 것이라는 생각에까지 이르기도 합니다.

나는 그런 생각을 하면서 코스모스 꽃길에 서 있었습니다.

입덧

먹을 수도 없다
시름시름 앓는다
몸은 가칠가칠하다 까라진다
약도 없다
의사도 의원도 침도 소용없다
그렇다고 죽을 병은 아니다
세월이 약이라고 한다.
병명은 '입덧'.

서울 살고 있는 며느리에게 전화가 걸려 왔다. 큰 손자가 세 살이 되었으니 둘째를 갖기 위해 직장을 쉬어도 되겠느냐는, 이 어찌 말릴 일인가. 불감청不敢請 고소원固所願아닌가.

요즈음 젊은이들은 영특하고 영악스럽다. 그리고 현실적이고 실리적이다. 그래서 결혼도 미루고 결혼해도 쉽게 아이를 낳지 않는다. 낳는다 해도 하나로 족하다는 의식이다.

순창군과 전남 어디에서는 아이를 낳으면 출산수당을 지급한다고 한다. 인구의 노령화에 비해 출생율은 저조하고 농촌을 등진 사람은 많기 때문일 것이다.

지구환경이 나이를 먹어 가고 있다.

그리고 인간이 외로운 것은 뒷전이고 인구의 감소 추세와 젊은이들의 출산 거부로 우주는 구석기 시대로 돌아가는 것 아닌가 싶다.

예로부터 집안이 흥할려면 가정에서 아이 울음소리와 다듬잇소리 그리고 글 읽는 소리가 들려야 한다고 했다. 그래서 선을 보러 갔을 때 자손 많은 집을 알아보려면 상대방 집 창호지 문에 아이들 손가락으로 인한 구멍이 숭숭 뚫렸는가를 보라고 했다. 고령화사회는 지구환경의 노화현상과 무관치 않다. 생태계의 낡음 상태이며 생명의 바톤터치가 느슨해졌다는 의미이기도 하다.

며느리가 입덧에 시달리다 못해 집으로 왔다. 서울 있을 때는 아우가 간호사이기에 링거를 맞으며 지내기도 했다고 한다. 그러나 여기는 그럴 사람이 없다. 더욱 며느리들이 시부모의 '시'자에 정나미가 떨어져 시금치도 먹지 않는다는 시집媤家아닌가. 오죽하면 내려왔겠는가 싶었다.

내가 쓰던 큰방을 며느리와 손자에게 양보했다.

다음 날 아침, 화장실에서 왝! 왝! 소리가 들려왔다. 살며시 눈을 떠 보니 며느리가 변기에 얼굴을 디밀고 토하려 안간힘을 쓰고 있었다.

신은 지금 며느리의 태를 빌려 새 생명의 씨눈을 앉히려 하고 있다. 새 생명의 씨눈을 흔들림없이 심기 위한 고난의 시간을 형벌처럼 겪게 하고 있다. 또한 그 성스러운 목적을 위해 어머니 될 사람 심신의 청결과 체내의 독소 제거를 위하여 당분간 먹지 말고 듣지도 말고 불필요한 것 보지 않도록 힘을 빼 누워 있도록 하고 있는 것 같다.

우리 집 큰딸은 시집 갈 날이 얼마 남지 않았다. 그래서인지 딸아이는 새 살림 준비에 들떠 있다. 며느리는 선배 인생으로서 임신의 고통을 견디며 제2의 신성神性을 부여받고 있다. 이런저런 생각을 하는데 갑자기 '―며느리를 딸같이 사랑했는가, 친자식같이 다정하게 대했는가, 입장 바꿔 생각하며 미움 없이 지내왔는가?' 하는 생각이 들었다. 며느리의 모습이 너무 안돼 보였기에 그랬을 것이다.

며느리는 지금 인류의 희망의 씨앗을 하나님께 잘 받아 앉히기 위해 '입덧'이란 몸살을 앓고 있다. 나도 그렇게 왔고 우리도 그렇게 와 이 땅에 존재하고 있다.

웃음과 성격분장

실제 있었던 일이라고 한다.

오래 전, 시골 종갓집 며느리가 아이를 갖지 못했다. 조상들의 성화는 높아만 갔다. 며느리는 죄인 심정으로 세월을 보냈다. 날이 갈수록 사랑채 시할아버지의 기침 소리는 높아만 갔다. 그리고 담배를 피우고서 놋재떨이에 담뱃재를 터는데 그 쇳소리가 며느리의 심장을 두드리는 것만 같았다.

며느리와 시어머니는 무당을 불러 푸닥거리도 하고 좋은 약을 지어다 달여 마시기도 했다. 보름달을 바라보고 입을 크게 벌려 배꼽 아래 뱃속까지 숨을 들마시며 달의 정기를 받아 아이를 갖고자 노력도 했다. 그러나 모두 소용 없는 일이었다.

마침내 며느리는 큰맘 먹고 읍내 산부인과를 찾아갔다.

접수를 마치고 진찰실로 들어갔다. 간호사는 침대 위로 올라가 옷을 벗고 누워 있으라고 하고서 나갔다. 한참 뒤 남자의사가 나타났다. 그리고 의사는 '아니 옷을 벗고 누워 있으라고 했는데 왜 그대로 있느냐? 고' 다그쳤다. 난처해진 며느리는 떨리는 손으로 옷고름을 매만지며 '나 혼자 벗는 것보다 같이 벗으면 안 돼요?' 라고 했다고 한다. 그 때만 해도 대물림에 따른 자녀 출산이 하늘 같았던 시절이었다.

인연 있는 신문과 수필집에서 〈웃음 찾는 사람들〉이란 글을 읽었다.

한 동안은 어느 대학 황 모 교수는 웃음전도사인 양 티비에 나타나 웃으며 살아야 한다고 말을 많이 하더니 선전 광고에도 나왔다.

세상에는 스트레스를 웃음으로 해소하기 위해 웃음클럽이며 웃음학교가 생겨나고 있다. 웃음치료사도 있다고 한다. 또한 한 시간에 한 번 웃자는 캠페인을 벌이고 있기도 한다.

웃음을 잃어버린 사람들이 많은 것 같다. 먹고 살만 해졌는데도 근본적인 고민거리가 늘어 만병의 근원인 줄 알면서도 어찌할 수 없는 스트레스에 너나없이 생명의 시달림을 받고 있다.

'빈 말 하지 말라. 실천할 수 없는 말 함부로 뱉지 말라. 똑바로 서 앞만 보고 지조 있게 살아가라.'는 등의 생활 공부를 강요해 온 조상들의 엄격한 교육 탓도 있을 것이다. 그러나 지금의 세상 판 속에서 진정한 웃음의 의미를 캐낼 수 있으며 유머감각을 살릴 수 있겠는가. 위트를 재미있게 구사할 태평성대는 아니지 않는가.

웃음도 웃음 나름이다.

건강만을 생각해 웃음근육의 작동에 의한 훈련된 웃음은 자연스런 웃음이 아니다. 영혼의 미소는 더욱 아니다.

참된 웃음이 어디 그리 흔한가.

정신적인 흡족한 웃음. 나도 몰래 자연스러운 정서의 복판에서 피어나는 웃음. 너와 나 그리고 하늘과 땅이 함께 미소지을 수 있는 그 웃음, 가볍지만 기름기 없고 꾸미지 않는 소박한 미적 감동에 뿌리를 둔 웃음, 그 웃음을 웃을 수 있다면 차라리 몇 년 덜 살고 죽는다 해도 그 웃음을 선택하고 싶다.

대학생의 미소가 그립다. 여대생의 티 없는 웃음을 보고 싶다. 퇴직자의 원숙한 웃음이 아쉽다. 예술인의 신선 같은 웃음을 보고 싶다.

하기에 나는 소망해 본다. 대학생 모두가 졸업하면 골라잡을 수 있는 직장이 보장된 사회를, 그리고 지금의 청년실업자 모두가 일터에 들어가 미래의 불안을 떨쳐버리고 살아갈 수 있는 국가 경영을, 또한 직장을 다닌다 해도 제대로 된 보수를 받지 못한 반실업자들의 경제 장애가 해소되는 내 고장의 알뜰한 산업사회를.

웃으며 살자는데, 웃음의 이웃이자고 하는데 누가 눈 부라리며 이빨을 갈겠는가. 웃음은 둘째로 하고 국가와 사회 그리고 나라 주변의 스트레스적 요인이 먼저 없어져야 한다. 또한 우리의 정신문화가 위아래 알아보고 노약자와 홀로 사는 이웃을 먼저 살피고 함께 살아가는 세상의 길이어야 할 것이다. 그 때가 되면 나도 성격분장이라도 해서 크게 웃어 보고 싶다.

전주와 꽃담 문화

삶은 문화행위일 수 있다. 한 사람의 실존적인 자기 행동이 될 수 있고 언어가 될 수 있다는 말이다. 그러므로 문화와 예술이 밥먹여 주냐고 비웃어도, 굳이 밥이 되지 않는다 해도 노래할 수 있다. 그리고 시를 짓고 수필을 읽고 소설을 쓰고 만화를 그리며 밤을 지새우기도 한다. 하기에 정치 세력과 경제 언어가 드센 사회에서는 참다운 문화의 언어가 빛을 잃는다. 그러나 궁녀들이 낙화암에서 백마강으로 뛰어내려 백제의 절개를 지킨 음력 7월 13일의 '궁녀제'라는 축제를 이끌어낼 수 있었던 것도 알고 보면 백제 여인들의 정신문화가 있었기에 가능했다.

나는 내 수필집 ≪도공과 작가≫를 2002년 4월에 펴냈다. 그 책에는 '꽃담문화' 여덟 꼭지를 포함 '도자기에 대한 정념情念' 아홉 편을 실었다.

'꽃담문화'라는 글을 쓰기 위해서였다.

어느 날 나는 카메라가방을 메고 고속버스를 타고 서울 경복궁 안 꽃담을 찾아갔다. 그리고 하루 종일 자경전을 비롯해 십장생담 앞에서 촬영도 하고 꼼꼼히 들여다보았다. 눈을 비벼가며 바라보고 손으로 만져도 보았다. 하늘을 우러르며 둘레의 집 방향과 마루와 방을 어떻게 안배했는지도 살펴보았다.

김진악 교수는 ≪아름다운 틀≫이란 책을 냈다. 그 책 속에는 자경전 꽃담과 십장생담 그리고 경복궁 숲을 촬영한 사진에 각 나라 특유의 나무틀을 짜서 만든 작품을 다시 촬영해 책으로 엮은 것들이 있다. 독특한 구상과 색다른 면면의 미적 감동이 수놓아진 작품집이다.

나는 금년에 펴낸 ≪내 생명의 무늬≫라는 일곱 번째의 수필집에서도 '글농사와 꽃담'이라는 글을 썼다. 참고로 옮겨보면 글 앞에서, "꽃담에는 생명의 이야기가 있다. 꽃담에는 그림이 있고 설치된 장소에 따라 소망의 표현이 있으며 집주인의 정신세계가 새겨져 있다."고 했다. 그리고 뒷면에서는 "서양 사람들이 철조망을 만들어 쇠울타리를 쳐놓고 총으로 결투를 벌일 때, 우리 조상들은 시가 있고 그림이 있고 구름과 송죽과 모란과 학이 있는 꽃담을 만들었다."고 썼다.

꽃담은 우리 민족의 정신벽화이다. 그리고 외부로 드러낸 가슴의

속내요, 나와 남 모두를 이롭게 하고 미적 감각을 살려내기 위한 조선 사람의 정신이다. 따라서 한국인의 문화적 보시정신이며 이웃 사랑이다.

어느 지방을 가든 어느 건물 앞에서든 담이 있는 곳에서는 담문화를 살펴본다. 근래에는 전북학생종합회관 맞은편, 도교육청 뒤 중앙중학교 뒷담을 찾아가 보았다. 그런데 그곳 학교 건물 콘크리트 긴 외벽에는 우리나라 국보급 자기 73점을 실물 크기대로 그려 놓았다. 그리고 그 옆에는 관심있게 보라는 시장의 안내문까지 붙여 놓았다.

그래 자세히 보면 달항아리며 청화백자매화문병 회청백자매죽문대호, 운학무늬상감청자와 매화무늬필통 등 국보급 그릇들이 그려져 있다. 작품의 질성과 품위, 표현의 섬세함은 제쳐놓고라도 지는 낙엽 날리는 눈발 속에서도 한 번 바라볼 만하다는 생각이다. 그리고 누가 이 아이디어를 내고 예산을 세워 결재를 받아 이렇듯 삭막한 콘크리트담을 국보급 미술품으로 채웠을까!−, 하는 마음에 젖게 된다. 자전거 길을 낸다, 천변에 유채꽃밭을 만들어 나비를 사다 날린다 하는 것보다 훨씬 고상한 문화행정이다는 생각이다.

앞으로도 전주와 전북에 이 꽃담과 같은 문화가 공무원들과 시민의 가슴속에 마른 논 물 스며들 듯했으면 좋겠다. 그런 면에서 우선 치솟는 아파트 외벽에도 전주의 꽃담문화 같은 무늬가 수놓아졌으면 싶다. 문화자원은 우리의 머리와 가슴속에 있다.

혼주석에 앉아서

잠자리 날개 같은 면사포
백합 같은 웨딩드레스
옥양목 가을 빨래 같은 무늬
고치가 날개를 얻으면 나비 되고
남녀가 정분을 맺으면 가정을 이루나니
구름 같은 면사포 안 정갈한 숨결
그 마음 그 사랑으로 딸은 날아갈 준비이거니
혼주석에 앉아 눈물 찍어내며 고개를 숙인다.

신부가 된 딸이 웨딩드레스 입고 면사포 쓴 채 주례 앞에 서 있다.
사람이 꽃보다 아름다운 순간이 있다면 지금일 것이다.

나는 신부 측 혼주 자리에 앉아서 주례 선생님을 본다. 모습이 곱다. 말말에 재미도 실리고 의미도 깊다.

아내는 30년 전 택시비를 손에 쥔 채 작은 방에서 신부가 된 딸을 낳았다. 밖에 있다 황급히 돌아온 나는 분만의 고통에 시달린 아내를 지켜보다 병원으로 달려가 단산수술을 했다. 의사는 내게 지금껏 어떻게 살았기에 산모가 저리 허약하느냐고 물었다.

집에 와 딸을 쳐다보며 눈물을 떨구었다. 아니 슬퍼서 서럽게 울었다. 그때는 남의 집 세를 내어 살면서도 일곱 식구가 큰 탈 없이 지냈다. 그러는 동안 아내는 허약해졌고 뱃속 아이는 영양 공급이 원활하지 못했다. 덧살 달린 사내는 자기 무능 앞에 울어 마땅했다. 맞지 않는 사회적 사이클과 자신의 운명의 옹이를 끌어안고 소리 없이 울었다. 그리고 일기장에 "너는 '진짜(眞) 내(我) 딸'이다."라고 새겼다. 호적에도 그리 등재했다.

어쩌면 나는 나그네길에 입맛들인 사람이요 역경의 디딤돌만 골라 디뎌왔는지도 모른다. 그동안 한 번도 남보다 앞서지 못했고 무슨 일에 있어 장담 한 번 해보지 못했다. 그러므로 내 생명의 길은 비단길이 아니요 붉은 카펫길은 더더욱 아니었다. 공자가 밥 먹여 주고 인격이 드러난 계급장도 아니다. 가훈이 성공을 보장해 주지도 않는다. 그런데 그러한 일들을 지키고 실천하며 보증수표 같은 생활인이고자 했다.

눈물샘 바닥이 얕아지고 자기 관리를 위한 사념의 그물코가 느슨해졌는지 안타까운 이웃과 행복한 순간의 아이들 모습을 보면 까닭없이 눈자위에 온기가 전달되고 눈물이 글썽거려진다. 가슴에는 끈

끈한 점액이 고인다.

혼주석에 앉아서 꽃이 된 딸과 사위를 본다. 또다시 눈시울이 뜨겁다. 눈물이 고인다. 후배가 와 열심히 순간을 포착해 마음먹고 사진을 촬영해 주는데 미안할 정도로 눈물의 무게가 느껴진다. 장갑 낀 손으로 눈물을 찍어내다 손수건을 꺼냈다. 주책이다 싶어 어금니를 물어도 솟아오르는 눈물을 막을 수가 없다. 딸아이도 눈물을 보였다.

그래 '시련에 강한 너희가 되어라. 평범한 생활에 만족하는 삶을 살아라. 모자람 속에서 넉넉한 지혜를 발견하는 눈을 가져라. 영혼의 만족을 생각하라. 그리고 끝까지 함께 걸어라.' 하고 주문 외듯 했다.

힘들었어도 지나고 보면 정든 나날이었다. 죄짓지 않는 가난의 삶 속에서는 생명의 무늬가 맑고 밝다. 혼주석에 앉은 애비가 너희의 거울일 수는 없다. 하지만 내 생명의 길 더듬어 본대도 도망갈 만큼 세상의 빚과 큰 죄는 짓지 않았다는 생각이다.

결혼기념일 삼십여 회 지내고 나면 젊은 인생도 이순이니 환갑이니 하는 법, 시간의 신 앞에 겸손하여라. 그리고 둘이 살다 하나 죽어도 모르는 달콤한 생활보다는 둘이 살다 여럿이 즐거운 가정을 일구어라. 복 짓는 삶이거라. 혼주석에 앉은 내 기도는 쉽게 끝나지 않았다.

어머니와 김장 문화

아침 먹기 전 주방에서 어머니에 대한 아내의 말소리가 높다. 한참 듣다 공순하지 않다는 생각에 살며시 아내에게 다가가 왜 목소리를 높이냐고 물었다. 아내는 어머니를 바라보면서 약간 무안한 표정으로 '어머니의 청력이 떨어져 크게 말하지 않으면 안 되기 때문'이라고 했다. '아이고 그러냐고 나는 어머님이 못마땅해 그런 줄 알고 물었다.'며 두 손을 합장해 올리고 공손하게 고맙다는 표시를 했다.

36년의 결혼생활, 그동안 일 년 반인가 떨어져 살고 아내와 나는 부모님과 거의 한 생을 동거해 오고 있다.

나는 술에 취하면 평소 묵언수행이 풀린 듯 어머니에게 어린양도 피우면서 답답한 가슴일 때는 뭐하러 날 낳으셨냐는 한탄도 할 때가 있었다. 술 취한 사람 이성이 없어졌으니 탓하지 않을 것이라는 힘을 믿고 그랬을 것이다. 실제 다음 날 내가 한 행동이 전혀 생각나지 않을 때도 있다. 이런 행동은 분명히 불효요, 어머니의 오목가심을 머리로 들이받는 망동이다. 그래도 어머니는 이튿날 왜 그랬냐는 말씀이 없으셨다. 어머니는 가끔 지금 세상에 누가 나이 먹은 부모와 함께 살려고 하느냐며 그저 함께 살아 준 아내가 고마워 더 이상 말이 필요 없다고 하셨다. 아내와 어머니 사이에서 입장이 난처한 내 마음 다 읽고 있다는 너그러움이시다.

사이 선 나무, 간목間木의 입장에서 괴로워할 때도 많았다. 언제나 나도 아내와 둘이서 살아보나! 하는 아쉬움도 있었다. 그러나 지금은 내 나이도 작은 나이가 아니고 그런저런 불만을 생각할 때가 지났다.

조금 지나니 주방에서 어머니 웃음소리가 크게 들려온다. 아내도 재미있어 한다. 어머니와 아내 그리고 며느리와 딸이 주방에서 무엇을 하든지 서로가 웃으면서 물기어린 목소리와 정 밴 언어로 대화를 나눌 때 나는 행복하다. 이 사람과 저 사람 사이에 선 나무가 아니다. 우리 집이 온통 나무가 되어 숲을 이루고 있는 것 같다. 숲을 이룬 산이요, 양지 바른 동산 같다.

김장하는 날의 부드러운 몸놀림과 바쁜 일손을 보는 내 마음은 주방에서의 화음, 즉 '고부간 갈등'이란 구름 한 점 없는 쾌청한 날의 오후 같은 기분이 된다. 가족의 오케스트라를 관람하는 고급스런 감정의 평안함이요, 생활의 어두운 감정적 카타르시스 순간이 된다. 행복이 이런 것이지 싶은 생각도 가슴속에서 슬며시 고개를 내민다. 이것이 결국은 가족 간 삶의 발효문화가 아니겠는가 싶기도 하다.

어느 잡지에 어머니는 우리 집 젓갈 같은 존재라고 썼다. 새우가 자신을 버리고 삭아 문드러졌을 때 새우젓이 되듯, 당신의 이름까지 버리고 댁호로 살면서 삶을 희생하고 곪는 속 상할 대로 상해 더 이상 상해 문드러질 것 없도록 수십 년을 푹 삭여온 그 감정과 헐거워진 육신의 희생이 있었기에 우리 가족 목숨줄이 여기에 와 있다는 뜻에서였다.

모든 어머니는 한 가정의 젓갈 같은 문화적 존재이다. 개성을 버리고 속 썩히면서 주변의 모든 것을 수용해 끌어들여 함께 숙성시키는 과정에서 그것들을 발효시켜 또다른 삶의 문화와 생명의 음식문화까지 빚어내는 생활 속 발효문화의 모체로서 어머니이기 때문이다. 고난의 견딤 속에서 세대 간 갈등 속에서 고생과 고통이 있었지만 그것이 살이 된 삶이 음식으로 말하자면 된장이요 간장이요 고추장 되어 다시 새로운 생명의 무늬와 그 힘을 얻게 하는 발효의 미학으로서 거듭난 것이 아니겠는가. 거기에 인생이 있고 생명 문화의 뿌리가 내려져 있는 것 아닐까.

주방에서 들려오는 도마 위 칼 소리가 리듬을 탄다. 무 배추 간을 치는 어머니의 손놀림이 나이답지 않게 힘을 얻는다. 며느리와 딸아이 눈동자가 평수를 넓힌다. 겨울부터 봄까지 먹기 위해 배추김치 깍두기 동치미를 담는 야채 저축행사로서의 김장. 나는 거기에서, 어머니의 김장문화 속에서 인생의 발효문화를 생각하게 된다.

전주의 막걸리 문화

아버지 술주전자 심부름은 늘 외상이었다
보약이 아닌 줄 알면서도
농사꾼 아버지는 육장 마셨다

어머니 젖같이 그리운 막걸리는
구판장 토방에 쪼글치고 앉은 강아지도
술방을 넘보게 하는 목마름이었다.

≪태양의 이마≫라는 내 시집 '젓가락 장단에 뽑던 노래'편에 실린 〈막걸리〉라는 시의 머리 부분이다.

1961년 미국에서 들여온 밀가루를 써서 만든 막걸리가 선을 보이기 전까지는 찹쌀이나 멥쌀 보리 등으로 술을 빚었다. 찹쌀이나 멥

쌀을 찐 다음 수분을 건조시켜 누룩과 물을 섞고 일정한 온도에서 발효시킨 것을 청주를 떠내지 않고 그대로 걸러 짜낸 것, 이것이 막걸리로서 조선 술이며 농부의 농주요 제주祭酒였다.

인류가 짐승을 잡아 먹거나 나무 열매를 따 먹고 살던 시대 즉 농경 목축이 시작되기 전에 이미 술이 있었다고 한다. 또한 인류가 술을 마시게 된 동기는 갈증에 의한 것이었다고 하는데, 술을 마셔 보니 이상한 마력이 있고 그 취기가 곧 신과 통하는 것으로 알았기에 제주로 사용하기로 했다는 것이다.

순창군이 고추장과 장류로서 지역 경제에 불을 붙이는가 싶더니, 전주는 비빔밥을 브랜드화 해서 달러를 벌어들이며 고장의 경제 인심을 풀리게 했다. 그런데 덩달아 전주의 막걸리가 뜨고 있다. 전주 막걸리가 최고라며 전라북도의 국정감사를 마친 행정자치위원회 소속 국회의원들까지 지사와 시장과 함께 삼천동 어느 막걸리집에서 술잔을 높이 들고 사진 촬영까지 했다. 때맞춰 인천에 사는 분들이 퇴근 후 봉고차를 몰고 서해안 고속도로를 달려와 전주의 막걸리와 안주를 맛보고 돌아갔다고 했다.

전주에는 삼천동을 비롯해 서신동 본병원 앞과 경원동의 동부시장, 평화동 뱅뱅이골목 등 100여 집 이상의 막걸리집이 성시를 이루고 있다. 전주막걸리는 술보다는 푸짐한 안주로 인심을 얻었을 것이다. 전라도 인심어린 푸짐한 안주의 다양함이 전주의 백반 정식 못지 않다는 생각에 막걸리를 찾아 먼 길 마다하지 않고 달려올 것이다. 그리고 지역 술꾼 역시 해거름에 꿀지한 뱃속 허기를 달래며 뜻 맞는 사람과 마음의 문 열고 말말을 나누면서 하루의 피로를 씻고자 막걸리집을 찾을 것이다.

전주의 푸짐한 안주 입소문은 대구까지 뻗어 갔다. 그리하여 해인사에서 수양하고 있던 친구는 두 명의 대구 친구와 함께 찾아와 내게 막걸리집만 안내하라고 했다. 삼천동 어느 술집으로 갔다. 30대 초반의 주인 여자는 기본 세 병에 만 원이라는 막걸리를 주전자에 따라 가져왔다. 술잔에 술을 따르기 위해 주전자를 드는데 아무래도 이상했다. 묵곤해야 할 주전자가 너무 가벼웠다. 안을 들여다 보아도 두 병이 분명했다. 나중에는 주인도 인정했다.

안주를 시켰다 낙지볶음으로. 그런데 주꾸미볶음이 나왔다. 그 날의 술맛은 그것으로 땡이었다. 나는 대구 손님들에게 얼굴이 뜨거워 더 이상 할 말을 찾지 못했다. 제발 나만 당하는 실수요 재수 없는 날이기를 바랐다. 그러나 지금도 먼 곳에서 일부러 찾아왔다 소리 안 나는 혀를 차고 갔을 대구 손님을 생각하면 머리가 어지럽다.

전주의 막걸리 문화가 뜨고 있다. 이 때에 정신차리자는 것이다. 술의 주성분은 주정酒精이다. 주정의 정精은 정신의 정精과 같은 글자요 뜻이다. 정신차려 전주의 막걸리 문화를 욕되지 않게 지켜 갔으면 좋겠다. 그런 마음으로 나는 오늘 오후에도 동부타운 그 술집으로 갈 것이다. 그리하여 희망을 낳을 수 없는 수탉 같은 벗들일지라도 서로 바라보아 주는 것 자체가 생명을 위한 위안의 길이라는 정감으로 그들에게 술잔을 앵겨 줄 것이다.

12월의 의미

누군가 인간은 덧없는 이슬의 자식이라고 했다.

해마다 이맘때가 되면 세월이 이랑을 넘는 소리 들으며 작가로서 애비로서 삶을 얼마나 치열하게 껴안고 살았는지 한숨 소리가 높았다.

엇그제는 건지산을 걸었다. 대지마을 뒷산과 소리문화의전당 뒤 그리고 최명희 씨의 묘소가 있는 산 능선을 지나 어린이회관이 내려다보이는 산자락에 설치되어 있는 나무의자에 앉았다. 마침 해는 서산으로 지는데 서해의 노을빛 되받은 단풍나무 잎은 마지막 기운을 내 투명하게 물들이고 있었다.

12월은 쉼 없이 달리는 고속열차같이 지나간다는 느낌일 때가 많다. 망년회다 향우회다 동창모임이다 보면 4~5 주가 언뜻 술기운에 지나가기도 한다. 그러기에 12월에는 눈을 감아야 한다. 뜨고 살았던 눈을 감고 자신의 자리에 앉아서 한 달 한 달 살아온 열두 달을 더듬어 보아야 한다. 그리고 그동안 살아온 자신의 가슴을 더듬어 볼 일이다. 양심의 밭에 그루터기나 욕망의 씨앗이 남아 있다면 뽑아내야 한다. 가슴 구석진 곳에 뭉쳐 있는 미움과 아쉬움도 털어내 지우고 정리해 불태울 것은 태워버려야 한다. 책상 위 묵은 캘린더도, 수첩도, 메모장과 일기장도 버리고 보관할 것은 따로 넣어 두어야 한다. 책상과 방도 깨끗이 비우고 공간을 확대해야 한다. 그래야 새로운 마음 새로운 사상, 새날의 손님과 인연을 맞아들이고 그들에게 자리를 내어줄 것 아닌가.

12월에는 색깔 없는 안경을 쓰고 바라보아야 한다. 여름에 썼던 선글라스도 벗고 도수 높은 안경도 내려놓고 자기의 정직한 시력으로 사물을 보면서 너그러워져야 한다. 그리고 신 앞에 겸손해야 한다.

금년에는 쌍춘년이라 하여 결혼한 사람들이 많았다. 그만큼 새 가정으로 행복하게 둥지를 튼 젊은 영혼이 많았다. 그런가 하면 바다이야기와 부동산 값이 우리를 계속 열받게 했다. 순리대로 살아가는 양심 있는 순한 백성들을 슬프게 했다. 북한에서는 핵을 쏘아 올리고 주변 국에서는 독도를 네 것 내 것이라고 줄다리기하게 했다. 나중에는 대통령이 임기를 못 채우면 어쩔 것이냐고 스스로 걱정했다.

우리 고장에서는 닭병으로 인하여 산 닭을 생매장하는 아픔을 겪었다. 손을 털고 울어버린 축산 농가도 있었다. 새만금사업은 계속 우황 든 소 앓듯 앓고 있는 상황이다. 개인적으로는 아들을 결혼시키지 못하고 자식 나이가 마흔의 고개를 넘는 안타까운 부모의 마음도 있다. 단속이 심한 노래방사업은 울상이며, 통닭집에는 발길이 뜸해졌다. 취직 못한 아들딸의 미안해 하는 눈망울을 바라보기 민망해 하는 가족도 많다. 출근해 열심히 근무해도 봉급을 받지 못하는 청년도 있다. 그런데 그것을 당연시 하는 직장의 우두머리도 많다.

그러기에 12월에는 눈을 감아야 하고 가슴속의 짐을 내려놓아야 한다. 그리고 서로 화해하고 너그러워져야 한다. 분노의 방아쇠를 당기기보다는 잡았던 총 내려놓고 기도의 손이 되어야 한다. 일단은 크게 한숨 돌리고 아파트 평수보다 넓은 가슴의 평수를 생각하면서 개운한 가슴으로 돌아가야 한다. 그리고 내일의 여명 앞에 무릎 꿇고 무엇을 기도해야 할 것인가를 생각해 보아야 한다. 분수대로 살면서 가슴을 살찌우는 길이 어디에 있으며 내 할 일이 무엇인가를 골똘히 생각해 볼 일이다.

2007년에는 손자의 이름으로 두 명의 새 생명이 내게로 오게 되어 있다. 그들을 맞이하기 위해서라도 모든 죄업과 불결한 인연을 내려놓아야겠다. 그리고 새로 오는 그들을 정성스럽게 맞이하고 2007년을 정갈하게 살아가기 위해 마음속을 깨끗이 정리하고 새로운 방도 마련해야겠다. 이것이 나의 12월 의미요 의무이다.

군산항에 눈이 내리면

10월에는 이용의 '잊혀진 계절'이란 노래를 듣고 싶다.

11월에는 최헌의 '가을비 우산 속에'를 노래하고 싶다.

그리고 12월, 눈내리는 날에는 누구 노래인지 모르나 '눈이 내리네…'라는 노래를 부르며 경기전을 걷고 싶다.

사람은 늘 사랑이 그리운 존재다.

그러므로 모든 것 잊어버리고 산속으로 들어가 사는 사람도 누군가가 불러 주기를 기다리는지 모른다.

몇 년 전 어느 날 밤, 군산에 살고 있는 선배가 불러 '회문'동인들과 갔다. 갓 정년한 선배의 눈 속 깊이에서 조금은 허전하고 헝클어진 삶의 무늬를 읽을 수 있었다. 그러나 유순한 얼굴 속에는 아무렇게나 살아버리지 않겠다는 삶에 대한 곧곧한 기둥이 있어 보여 다행이었다.

나는 그동안 가난한 자가 그 가난을 견디는 것을 눈여겨보아 왔다. 직장에서 승진을 못해도 사회에서 실패를 해도 잘 버텨낸 사람들을 보아 왔다. 그러나 부유한 자가 그 부를 잘 견디고 간수하는 것을 보지 못했다. 그 부의 세대 간 바톤 터치가 부드럽게 이어지는 것도 별로 보지 못했다.

세상을 살다 보면 월요일부터 토요일까지 긴장과 우울이 파도처럼 밀려왔다. 이 땅을 살면서 충분조건 속에 사는 사람도 많다. 그리고 가진 자들이 쳐논 그물 속에서 나름대로의 성격적 삶을 견디다 가는 것이 보통 사람들의 운명이다. 그래서 삶은 스트레스와 그에 대한 적응의 연속인지도 모른다.

그 때도 눈이 내렸다. 많이 쌓였다. 선배는 공단 부지며 항구 도시 주변 경관의 드라이브까지 세심히 배려해 구경시켜 주었다. 공장 부지 텅 빈 바닥에는 하염없이 눈발이 날리고 눈은 쌓여만 갔다. 그런데 이 부지에 공장과 회사가 언제 다 들어찰까? 터 닦는 데 돈도 많이 들었을 텐데－. 그러면서도 내가 왜 예까지 와 쓸데없는 걱정을 하고 있나 하는 생각이 들었다.

저녁은 시내 옛 시청 근처 일식집 '희락'에서 먹었다. 영혼의 뜰이 비슷한 분들과 한 번 들렀던 곳인데 고향 선후배들과 다시 와 마시는 술잔은 가볍고 정결했다.

2차는 선배 단골집으로 갔다.

눈 내리는 밤, 맥주를 마시며 거나해진 김에 노랫가락이 흘러나

왔다. 술을 따라 주는 아가씨도 나이에 웃도는 세상 바람을 쏘였는지 분위기를 업그레이드시키는 말 맛이 좋았다. 내 차례가 되었다. 나는 조용필의 '사나이 맹세'를 불렀다. 처음으로 내 노래를 듣는 선배는 의외로 미소를 짓고 있었다. 방 안에서의 노랫가락이 항구의 도시 밤을 살며시 흔들어댈 때 웃음의 파고는 고향의 산맥을 넘었다. 그리고 창밖에는 흰 눈이 소리없이 쌓여갔다.

작별의 시간이 되었을 때는 시계의 분침과 초침이 짝짓기를 하고 있었다.

산업도로를 달려올 때는 운전하는 장 선생보다 옆에 앉은 내가 더 많이 브레이크를 밟고 있었다.

성깔 있는 바람이 눈까지 데불고 군산에 내리면 째보선창가를 들러 서해안고속도로를 달리고 싶다. 그리고 핵실험으로 더욱 배가 고파진 저 북녘땅까지 달려가고 싶다. 이 땅도 도대체 무엇인가 되는 세상이 아니라 노력해도 별 수 없는 사회로 되어 가고 있지 않은가. 그러기에 한 잔 술에 흔들려 볼 수도 있지 않겠는가.

그동안 나는 너무 차렷자세로 살아왔다. 이제는 운명의 틀에서도 마음의 고삐에서도 벗어나고 싶다. 율격보다는 자유이고 싶다. 정 깊은 누구와 가끔 취해보고도 싶다. 그리고 '그대 그리고 나'를 노래하고 싶다. 김민기 씨의 '보라 동해에 떠오르는 태양 / 누구의 머리 위에 이글거리나…'도 불러 보고 싶다. 말짱한 정신으로 살아가기에는 나는 너무 먼 길을 겨울나그네같이 살아왔다. 우리들 농부의 자식들 삶이 그래 왔듯이－.

우리는 이 땅의 영원한 비정규직

'공명도 잊었노라 부귀도 잊었노라
세상 번우한 일 다 주워 잊었노라
내 몸을 나마저 잊으니 남이 아니 잊으랴'

1606년 선조 39년 중광시에 급제 좌참찬의 벼슬에 이른 '김광욱'의 시조다. 두세 번 읊다 보면 한 세상 살다 갈 길이 가슴속에서 살포시 떠오를 것 같다.

어느 일터에서 유쾌하지 못하게 만난 사람이 있다. 그런데 세월의 켜를 쌓아가면서 상대해 보니 '겉 볼 안'이라 의리도 있고 세상을 보는 눈과 기준이 있어 사귀어 볼 만했다. 쉽게 망가지지 않을 열정과 생명에 대한 애착도 건재했다. 하여 만나고 대화하면서 정을 엮어 나갈 수 있었다. 그런 그가 어느 날, 저녁에 자기는 오로지 비정규직이라는 말을 꺼냈다. 집에서도 아내가 그런 말을 하기에 웃고 말았다고 했다.

가정에서는 형제에 따른 편애가 올바른 인간으로서의 성장을 기울게 하기 쉽다. 배다른 형제들 영혼의 그늘이 짙은 이유도 거기에 있다. 대기업 형제들 재산 싸움도 배고파 하는 싸움이 아니라 어려서부터 가정교육의 잘못된 균형 탓이요, 자기 이익 중심의 편향성이 근본이 되는 경우가 많다.

1960년대 중반, 박정희가 집권하던 때다. 나는 시험을 치뤄 전라남도의 어느 군청에 발령을 받아 근무했다. 알고 보면 그때 나는 조건부 공직자였다. 비정규직인 셈이다. 시험에 응시해 합격해 갔으나 그 직이 확정된 것이 아니고 정부 안에 따라 급하게 서둘러 발령을 내 일하게 하는 국비 지원 조건부 직이었다.

매월 25일이 월급날이었다. 그런데 비정규직인 우리들 봉급은 중앙에서 자금 조달이 안 되었다고 주지 않았다. 그렇게 늦게 봉급을 받고 서러움의 강 기류를 따라 가야 했다. 겉으로는 국비 직원이요 면마다 한 사람씩 파견되어 근무했기에 대접도 융숭했고 여유로웠다. 그런데 월급날만 되면 가끔 속이 상했다. 그 당시 나는 이미 비정규직의 설움을 톡톡히 훈련받으며 체험하게 된 것이다. 그리고 사회적 불공평과 불만의 기운이 솟아나기 시작했다. 열심히 노력해도 안 되며 착하고 근면해도 안 되는 사회적 운명의 사이클과 기어 감각을 느껴야 했다.

조선시대에 누가 서자로 태어나기를 희망했겠는가.

단군시대부터 누가 배고픈 삶을 자청했겠는가.

선사 이전부터 자기 부족이 힘이 세기를 원하지 않는 사람이 있었겠는가.

이 시대에 자기 부모가 지도자이기를 원치 않는 사람이 있겠으며 일류 대학 나오기를 외면할 사람이 있겠는가. 낮은 봉급쟁이로 일생을 마치고 싶은 도인 같은 사람이 얼마나 될 것이며, 자식 잘 되길 원치 않는 생명의 부류가 있겠는가.

중이 머리를 깎는 이유가 있고 목사가 십자가 앞에서 기도하는 뜻이 있을 것이다. 죽림칠현도 대숲 속 생활이 꼭 좋아서만 그곳을 택한 것이 아니요, 윤선도가 참으로 좋아서 대나무와 달과 바위 등을 친구 삼아 살았겠는가. 석가모니가, 예수가, 공자가 이 땅에 온 것은 힘든 세상이기에 어렵게 사는 사람들 가슴속 열기를 덜어주고 눈물을 닦아 주고자 함이었을 것이다. 가슴속 사탄의 욕망을 줄이고 부귀도 잊었노라 공명도 잊었노라…. 하고서 자기 길을 찾아나설 때가 아닌지 싶을 때가 한두 번이 아니었다.

우리는 지금 왜 그렇게 어려운 입장이 되었는가. 정규직과 기득권자들이, 넉넉한 사람들이, 자기 만족 편향 정신으로 '더 많이, 더 오래'를 우주선 바라보듯 하고 있기에 그런 것 아닐까.

이 시대에 〈의좋은 형제 이야기〉가 왜 그리 그리운지 모르겠다.

두 형제가 농사지으며 살다 동생이 장가들어 분가해 나갔다. 수확한 벼를 형제가 똑같이 나누었다. 그러나 형은 동생이 분가해서 신접살림을 차렸으니 가용이 더 필요할 것이라고 밤에 논에 나가

낟가리에서 볏단을 동생 쪽으로 옮겨놓는다. 동생은 형이 묵은 살림에 조카들이 많으니—, 하고서 형의 낟가리로 볏단을 옮겨놓는다. 날이 지나도 낟가리는 늘지도 줄지도 않는다. 그러다 어느 날 어둠 속에서 서로 볏단을 들고 스쳐가는 형제의 얼굴을 보게 된다. 그런 뒤 형제는 얼싸안고 울음을 터뜨린다. 달님은 하늘에서 웃으며 내려다본다. 이 정신이 우리 조상들 삶이요 생활문화였다.

내가 후배에게 들려줄 수 있는 이야기는, '단정학은 단정학으로 사는 법이 있고, 황새는 황새대로 살아가며 견디는 법'이 있다는 것이었다. 또한, 한 조각 구름이 피어나는 것이 생生이요, 한 조각 구름이 멸하는 것이 사死라는 것을 생각해 보자는 것이다. 이 지구상 모든 사람은 우주의 생명체로서 전체가 비정규직이지 영원한 정규직은 단 한 명도 없으니까.

봄을 맞는 마음

꽃 진 자리
잎 솟고
아기 녹색幼綠
꽃보다 고운데

비에 씻긴 철쭉
맑은 몸매이어라
하늘 길 찾아가는
선한 눈망울!

2004년 봄을 맞는 내 마음의 시다.
남향집에 사는 프리미엄은 남쪽 창을 통한 봄맞이를 일찍 할 수 있다는 점이다.

창을 넘어온 햇살이 내 책상 머리에 와 머문다. 그 빛이 알전구에서 내뿜는 전류의 빛과는 다르다. 더 얇고 부드러우며 환하다. 느낌이 있는 듯 없는 듯 시력의 평안함이다.

봄볕이다.

창문을 열어제친다. 햇볕이 아직 녹색 내음을 품고 있지는 않아도 어느 산골짜기 얼음을 녹이고 달려온 것인가. 가슴속으로는 계절의 눈을 뜨게 한다. 누군가를 만나고 싶다. 신발 동여매고 들로 나가고 싶다.

봄은 '보옴'의 준말이요 '보다'의 어원인가 싶다. 영어의 봄은 스프링(Spring)이다. 쿠션 좋은 침대나 자동차의 승차감을 느끼게 하는 신축작용으로서의 스프링을 뜻하기도 한다. 그러나 봄은 언 땅을 뚫고 풀잎이 스프링같이 고개를 디밀고 솟아나오는 절기이다. 인고의 세월, 겨울을 보낸 나무의 껍질을 뚫고 새잎이 솟아난다. 봄은 역시 부지런한 계절이요 꿈의 시작이요 출발인 것이다.

로키산맥 정상 부근에서 엎드려 살고 있는 자작나무들은 한결같이 무릎 꿇은 상태로 엎드려 살고 있다고 한다. 낮은 키로 성장해야만 지악스럽게 몰아치는 눈보라와 거친 바람을 조금이라도 피할 수 있다고 한다. 무릎을 꿇고 엎드린 자세로 살지 않으면 그곳에서 생명을 보전하기가 어렵다는 것이다. 그런데 이런 나무로 바이올린을 제작해야만이 공명의 탁음卓音을 얻을 수 있다고 한다.

봄은 계절의 문이다.

그리고 초목을 싹트게 하는 순간이다. 동시에 모든 것이 열리는 밝음의 순간이다. 꽃 피어 만발하고 새들 노랫소리 높아 살맛 돋는 흥분된 가슴으로의 문이 열리는 철이다.

봄이 되면 우선 난방비 부담에서 해방된다. 그리고 두터운 의복과 여러 가지 생활의 짐에서 다소 풀려난 기분이 서민 감정이다. 그러나 학생들의 등록금 걱정이 가슴의 문을 열기에는 아직 이르다고 한다.

봄의 혜택은 물질적인 보상 없이 밖으로 나가 활동할 수 있는 자연의 은혜이다. 아파트에서 빠져나가 아지랑이를 만날 수 있다. 기러기 · 오리 · 고니 · 지빠귀 같은 겨울 철새는 북녘으로 가고 없다. 대신 제비 앞장세우고 온 큰 유리새와 파랑새 두견이를 만날 수 있다. 양지바른 산기슭에서는 제비꽃과 할미꽃, 노랑매미꽃 · 복수초 그리고 뭐니뭐니해도 고장의 담벼락과 길가에 황금수를 뿌리는 듯한 개나리와 진달래를 만날 수 있다.

죽음의 빛으로만 알고 살아왔던 겨울나무 가지 끝에서는 병아리 발목 빛의 붉으레한 빛이 돈다. 주검의 피부 같았던 나무 껍질을 뚫고 푸른 기운이 도는 생명의 잎이 참새 주둥이 끝같이 솟는다. 조금 가난하면 어떠랴 건강이 부실했으면 어떠랴 나이가 너무 높아 우울했으면 대수냐? 한 해의 봄 앞에서 내 겨드랑이에서도 봄잎이 솟을 것 같은데-.

봄은 믿는 자보다 느끼는 사람이 행복하다. 봄을 느끼는 자보다 봄을 노래할 줄 아는 사람이 더 복된 사람이다. 얼었던 연못이 풀리면 연꽃을 볼 수 있고 덕진연못에서는 물의 예술 분수쇼를 볼 수 있을 것이다. 새들 노래도 카드 긁지 않고도 들을 수 있고, 만덕산 얼음폭포가 물줄기를 이뤄 흘러내릴 것이다. 백두산 장백제비꽃과 두메냉이도 구름국화도 만나 볼 수 있을 것이다.

일생을 팍팍하게 살아온 사람도, 정년으로 마음 무거운 사람도, 취업이 해결되지 못한 사람도, 엊그제 형제를 잃은 사람도, 이 봄에는 한 번쯤 행복한 시간을 공유했으면 좋겠다. 저 봄햇살이 분수같이 쏟아지는 거리를 발목이 시리게 걸어보자고 권하고 싶다. 봄을 자연스럽게 즐겨보자고 말하고 싶다. 그동안 참고 살아온 겨울 같은 인내의 세월을 잠시 잊자고 말하고 싶다. 봄을 봄답게 맞이하고 싶다. 부드러운 봄비처럼 누군가의 가슴속을 적셔 주고 싶다. 새로운 삶의 기운을 느끼고 생명에 눈을 뜨면서 감사의 실마리를 찾아보자고 말하고 싶다. 우리 함께 '전북의 봄'을 찾아나서자고 말하고도 싶다.

문학상 엘레지

금년 봄 모 신문사 신춘문예 시상식에 참석했다.

지방신문인데도 1,600여 명이 응모해 다른 해보다 응모율이 30%나 증가했다고 한다. 시 · 소설 · 수필 부문에서 한 명씩 뽑힌 수상자들은 모두 여성들이었다. 그리고 아직 젊고 갈 길이 그윽한데 얼굴이 그렇게 밝고 기쁨 충만한 것만은 아닌 것 같았다. 문학적 고난도의 길을 위한 자기 응시의 그늘이었다면 다행이겠다.

면허증을 따면 간판을 걸 수 있다. 운전도 할 수 있다. 그리고 그 면허증으로 생계의 문이 열릴 수도 있다. 고급스런 자격증은 사회적 대접과 신분이 달라질 수도 있다. 그러나 문단 데뷔의 등용문은 장원급제라는 비유의 찬사도 있지만 그렇게 화려하거나 실용적이지 못하다. 정서적 사상적 고뇌의 자기 길 문이 열릴 뿐이다. 자기와의 싸움도 크게 생각해야 하는 외로움의 길 문에 입성한 것이다.

한 당선 작가는 수상 소감에서 "떨리는데요, 문학의 떨림이 오래 가도록 하겠다."고 말했다. 떨림은 순수요 첫 경험의 희열일 수 있다. 그리고 책임이며 꾸준해야 하는 인내의 확인이다. 앞으로 많은 독자에게 떨림의 기쁨을 줄 수 있는 작품을 빚어내길 바라는 눈으로 그를 지긋이 바라보았다.

재후두在後頭라는 말이 있다.

뒤에 누군가가 오고 있다는 말이다. 후배나 경쟁자가 모르는 사이에 다가오고 있다는 말이다. 언젠가부터 인문학은 위기요 조종弔鐘이 울렸다고 했다. 대학에서는 인문학 계열의 학생 지원율이 현격히 떨어졌다. 한국에서 국문학을 전공할 학생이 없어 대학 교수들이 학생 유치를 위한 고교 방문이 상례화되어 있다. 졸업해도 취업이 안 되고 먹고 살 길을 찾는 데 도움이 못 돼 매력이 없다는 것이다. 그래서인지 이곳 저곳 문학 행사를 참석해 보아도 20~30대가 보이지 않는다. 40대 후배를 만난다는 것도 행운이다.

문학을 제외한 다른 분야에서는 취미로 하다가 본업이 되는 수도 있다. 장난삼아 했던 일이 좋아서 일생 동안 후회 없이 그 길을 달려가는 데 있어 생활고를 느끼지 않아도 된다. 그러나 문학은 다르다. 자기 직장이 있어 취미나 여벌로 한다면 모르지만 전업 작가로 살아남고 살아가면서, 버텨내기란 하늘의 별따기보다 어렵다.

원고료를 받고 글을 쓸 수 있는 분은 존경받을 만한 작가다. 그의 글과 사상은 둘째로 하고, 사회적 인연과 작품의 질도 논외로 하고

서도 이 땅에서 고료를 받고 글을 쓴 작가는 행복군에 속한다. 지방에서 적당히 글을 쓰고 있는 사람으로서 연간 문학 단체의 회비나 모임에서의 점심값 정도의 고료를 받는 분 또한 행복한 작가군에 든다고 할 수 있다.

"글 써서 밥벌이? 소설 같은 얘기", 이는 서울 어느 신문사에서 신춘문예 등단 작가 100명을 조사해 봤더니 – 의 기사 제목이다. "허기진 배 채우려 야설도 쓰고 대필을 해도 '글밥'먹고 살 수가 없다."고 했다. 조사자 중 45%는 창작 관련 수입이 전혀 없다고 했다. 고료를 받는 사람 가운데에서도 일 년에 소설가는 100만 원선, 시인은 30만 원도 안 된다고 했다. 신춘문예 당선 직후 반짝 원고 청탁 몇 개로 끝난다는 것이다. 그래서 신춘문예 당선자는 '신춘 고아'가 되고 만다.

국민들 독서 취향 자체가 문학작품에서 외국의 실용서로 바뀌었다. 글이 밥이 되지 않고, 문학으로 집을 지을 수 없다. 예술로 자녀 교육을 시킬 수 없다. 이런 시대에 자기 자녀에게 글을 쓰고 시를 읽으면서 국문학을 전공하라고 하기가 쉽겠는가.

예부터 선배 문인들은 작가로서 세 가지를 경계하도록 했다.

첫째는 수상욕심이요, 둘째는 감투욕이요, 셋째는 발표욕이라고 했다. 이 모두 관심 사항이요 본능적인 욕구에 가깝다. 그래서 경계하라고 타이른 것이다. 뜬구름 같은 명예욕 자제하고, 떠받들어 주어 좋은 자리, 그 감투 잘못 썼다가 평생 욕 먹는 일 있으니 주의하라는 것이다. 그리고 되지도 않는 글 함부로 발표하지 말라는 뜻이다.

작가는 평생 동안 머릿속에 문학이란 그물을 쳐놓고서 참된 문장 한 행, 창조적인 내 언어 하나가 잡히기를 기도하며 산다. 그렇게 기다려 사는 문학동네 사람들이 선비요 글쟁이다. 글밥은 고사하고 그들 삶과 노력의 체면치레를 생각해서라도 '고료'를 챙기는 세상이요, 그런 문화 사회의 업그레이드 현상을 기대해 본다.

출산율이 떨어져 아기 울음소리 듣기 어려운 시대에 신춘문예 당선자들이 문학적 귀한 후배 어린이 같아 어여뻤다. 그러나 그들의 앞길을 생각하니 어금니가 시려왔다.

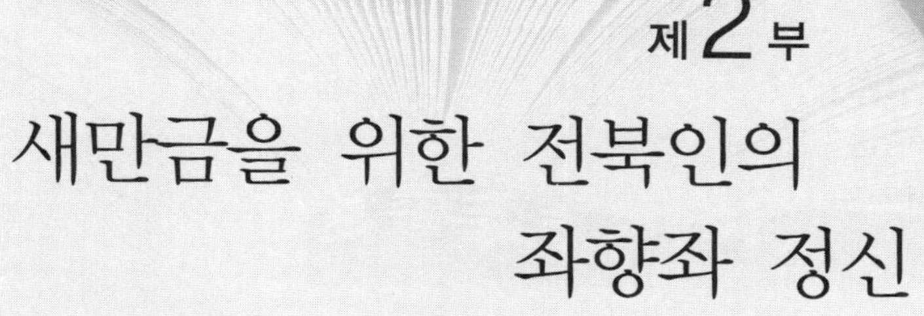

제2부 새만금을 위한 전북인의 좌향좌 정신

꽃상추와 시금치를 나누어 먹는 계절에

5월이 가기 전에

5월이 가기 전, 신석정님의 '山 山 山' 이란 시비가 있는 대학교 잔디밭에서 몇 친구와 만나기로 했다. '한비야' 라는 세계적 여행 작가의 취향을 닮은 딸을 두어 내가 가끔씩 '박비야' 아버지라고 부르는 친구 모습이 먼저 보였다. 그리고 유 선생, 송병의 씨가 웃음을 머금고 다가왔다.

우리는 먼저 "– 산에는 / 아무 죄 없는 짐승과 / '에레나'보다 어여쁜 꽃들이 / 모여서 살기에 더 아름답다……"라는 시가 적힌 커다란 흰 돌비 앞에서 사진을 촬영했다. 오후 3시의 태양은 누구에게나 행복한 봄날의 중심이 되어 주었다. 그곳에서 나는 몇 컷의 사진을 더 찍었다. 그리고 잠시 지하실에 들러 쉬었다 밖으로 나와 삼천동 어느 주막으로 갔다.

술이 두어 순배 돌아가니, 송 선생이 내게 인생에 도움이 되는 좋은 이야기를 해달라고 했다. 참으로 듣고 싶으냐고 되물었다. 그는 그렇다고 했다. 그래 들려주지 하고서, 옛날에 한 부부가 네 아들을 두고 살았다네. 그런데 세 아들들은 모두 착하고 말도 잘 들었는데 막내 이 녀석만 항시 말썽이고 골칫거리였다는 거야. 아버지는 참다 못해 어느 날, 아내를 불러 조용히 앉아서 말했다는 거야. 우리 어떤 말을 해도 화내지 않기로 하고 진실만을 나누자고. 부인 역시 좋다고 해 남편은 막내 저 녀석만은 다른 아이들과 하는 짓도 성격도 다르고 심지어 머리까지 다른데 도대체 애비가 누구요? 하고 물었다네. 그래 아내는 모든 것을 체념한 듯이 사실은 그 아이만 당신 자식입니다. 하더라는 이야기를 들려주며 한바탕 웃고 말았다. 그리고 우리는 노래방으로 발길을 옮겼다. 노래방은 감정의 퀵 서비스이다. 또한 이 가슴 저 가슴속의 문화를 희석시키는 가운데 얼굴 모르는 곳으로 흘러가보는 자유의 시간을 보낼 수 있어 좋다.

조영남이 그랬던가, 아무튼 어느 연예인이 말했다.

삶은 인맥 게임이라고, 세상은 실력만큼 배당이 오는 거라고, 그리고 실력에 따라 친교관계가 쌓이는 거라고－. 그러나 사람은 타고난 게 없다고 생각하면 가난해진다고 했다. 그리고 누구에게나 못 타고 난 게 있기에 그런 것을 투덜댈 필요도 없고 불만스러워하는 만큼 불행해진다고 했다. 그렇듯 스스로를 다독이고 또 둘레의 인연 맺은 분들을 위로하다가도 낭떠러지에 선 친구와 아우를 붙잡을 길이 없을 때는 한순간 숨이 막힌다. 그리고 차마 그 사람 눈동자를 바라보기가 민망하고 어색해진다. 따라서 뒤돌아가는 그의 어깨 무게를 바라보면서 나는 속으로 주문처럼 외친다. 어떻든 슬픔의 새가 가슴에 둥지를 틀게 할 필요는 없다. 닫히는 문이 있으면 열리는 문이 있는 법이니까!

별이 둘 달린 모자를 쓴 사람들

헤어지려니 송 선생이 자기 둘레의 자투리땅에 씨 뿌려 가꾼 것이라고 애기상추와 시금치가 가득 담긴 쇼핑백을 내민다. 어디에 놓고 가면 절대 안 된다면서.

날이 밝고 뉴스 시간이 되면 세상 판 속은 또 시끄러울 것이다. 어느 당이 쪼개질 것 같고, 누가 대통령이 되려고 수학적 머리를 굴린다고 그리고 재벌 총수가 별 둘 달린 모자를 쓰고 술집으로 달려가 행패를 부린 죄로 구치소에 갇혀 있다고.

그런데 왜 그 한화 재벌 총수는 별이 둘 달린 모자를 쓰고 설쳤을까? 박정희가 혁명 당시에 야전잠바에 검은 안경을 쓰고 별 둘의 계급장을 달아서였을까 아니면 전두환도 그 계급장을 달고 5 · 18의 역사를 쓰도록 해서였을까. 살다 보면 먹을 만큼 소지하고 올라설 만큼 올라 귀족층에 있는 자들의 욕심과 뚝심으로 나라는 불행했고 국력은 낭비되었다는 생각을 떨쳐버릴 수 없다. 덕분에 바닥 인생만 죽도록 IMF 같은 고통의 터널 길을 살다 간다는 생각에 혈압이 오른다.

다음 날 나는 어머니와 아내와 함께 애기상추와 시금치를 깨끗이 씻어 참기름을 듬뿍 끼얹어 신나게 비볐다. 밥 한 그릇을 게눈 감추듯 먹어치웠다. 뱃속이 무공해의 봄빛으로 가득 채워지는 것 같았다. 운명의 프리미엄을 멀리하고 낮은 자리에서 웃는 보살처럼 살아가는 친구들 얼굴이 밥상머리에 환하게 떠올랐다. 계급장 없이 살아가더라도 이렇듯 '봄 미나리 살찐 맛을 임에게 드리고자'하는 친구가 있어 나는 살맛 난다. 사는 맛이 어찌 가진 자들만의 특권일쏜가.

그림값과 사람값

우리 집 거실에는 서양화가 몇 점 걸려 있다. 그런데 생각해 보면 제 값을 치르고 와 있는 작품은 거의 없다. 대부분 화가가 정으로 준 것이다. 그리고 나는 겨우 물감이나 구입하도록 최소한의 예로 마음의 표현을 한 정품情品들이다. 그러므로 작품을 대할 때 작가에 대한 미안함과 민망함이 따르곤 한다.

토월촌 선생의 '고향의 봄'은 겨울에 거실 앞 벽면에 건다. 박남재 은사의 '귀로'는 한여름에 걸어서 계절을 앞당겨 느껴본다. 그리고 오무균 선생의 '갯벌'은 1년 가까이 깊이 있게 파고들면서 바라보는 물과 뭍의 생명현상이다. 그런가 하면 김학곤 화가는 '내 생명의 무늬'라는 나의 수필집을 꾸밀 때 20여 점 가까운 작품을 빌려 주었다. 그러므로 내 집에서 그림을 바라보며 마음의 뜰을 가꾸고 정서적 가슴의 가습기를 돌릴 때는 화가의 붓질하는 모습을 상상하게 된다.

작가의 작품을 공으로 얻으려는 마음은 농가에서 대가 없이 식량을 가져오겠다는 생각과 같다. 작가의 고뇌와 작업실에서의 고통이 농부의 노동력과 다를 게 없기 때문이다. 그런데 '작품 한 점'을 쉽게 얻으려는 사람도 있다. 작가에게 맹물만 마시고 살라는 것인 듯.

작두 물 퍼 마시며 그림을 그리던 김기창 시대는 갔다. 경제적 뒷받침이 넉넉해야 야외 스케치도 신바람이 나고 먹거리 걱정을 떠난 시인의 여행길은 발걸음의 무게가 줄어든다. 직장이 없는 전업작가의 말없는 침묵 속 고민을 헤아려 보는 사람은 많지 않다. 비정규직 작가의 미래에 대한 절망을 속 깊이 헤아려 보는 타인도 많지 않다. 그래도 화가는, 시인은, 선비는, 재물을 생각하는 것을 죄악시하며 분수 외의 길로 알고 살아온 역사적 시대의 가치가 푸르게 남아 있다.

작가도 인간이다. 화가도 사람이다. 배고프면 남의 빵이라도 훔쳐 먹고 싶다. 자기 자식의 고통 앞에서 경제의 매력을 생각해 보지 않는 사람이 있겠는가. 그래서 본능을 길들이며, 영혼의 때 없는 길을 찾아서 빙벽을 오르듯, 높은 산을 산소통 없이 가듯 처절하게 살아가는 것이다. 그런 그들은 자존심 하나를 험한 뱃길 쪽배로 삼고 간다. 문화의 권력이 그들을 더욱 왜소하게 하는 일 없기를 바라는 이유 또한 거기에 있다.

피카소의 "파이프를 든 소년"이란 그림은 1억 4천만 달러에 팔렸다고 한다. 그림 한 점 값이 1,300억 원에 이른 세상에 나는 존재하고 있다. 뉴욕 맨해튼에 있는 타임워너센터 76층의 '펜트하우스'는 5,470만 달러에 팔렸다고 한다. 미국에서도 가장 비싼 집값은 가장 비싼 그림값의 3분의 1을 조금 넘는다고 한다. 그림이 가장 비싼 아파트보다 값이 더 나가야 하는 것은 당연하다. 아파트야 계속 지을 수 있지만 그림은 화가가 죽고 나면 더 이상 그릴 수 없기 때문이다.

등 따뜻하고 배부르면 누구나 고상하고 세련된 문화를 향유하고 싶어한다. 인격의 고매함은 둘째로 하고 문화적 우월성과 예술적 포만감에 접근하고자 한다. 특히 정치 경제에 힘이 있는 사람들의 성향이 그런 것 같다.

대한민국 미술대전이 뒷돈을 받고 '뇌물대전'이 되었다. 심사위원을 모텔로 모아놓고 자신들이 골라 놓은 출품작을 사진을 보고 외우게 했다. 작품을 대필도 했다. 특선은 2,000만 원을 받아먹었다던가. 예술인이란 울타리 안에 있는 한 사람으로서, 작가라는 끈을 잡고 맨 뒤에 따라가는 한 영혼으로서 오물을 뒤집어쓴 기분이다. 이쯤 되면 정치꾼이나 장사꾼이나 환쟁이나 글쟁이나, 싸잡아서 개값도 못 되는 것 아닌가 싶다.

말로만 미의 순례자네 아름다움의 창조자네 영혼이 맑은 사람이네 해 보았자 무슨 설득력이 있겠는가. 사회가 보는 미술대전의 심사위원과 위원장의 감투! 그런 사람 자식의 눈에 비치는 애비 어미의 꼬라지, 학생이 보는 교수의 허상— 그들의 사람값과 영혼의 가치가 몇 푼이나 되겠는가.

배고파 죽은 화가들, 병이 깊었는데도 돈이 없어 치료를 받지 못하고 죽어간 작가들, 자녀 교육을 제대로 시키지 못하고 아쉬워하는 예술인들, 그들 앞에 묵념이라도 올리고 싶다. 살아서 더러울 것인가 죽어서 아름다울 것인가, 세속에 능할 것인가, 의의 길에 강할 것인가?

자기 작품을 감상하는 사람에게 '가슴 뛰는 권리'를 주고 갈 작가의 맑은 혼이 푸른 하늘같이 그립다.

친정어머니 삼기

어머니, / 당신은 어찌하여 / 어머니란 이름으로 태어나셨습니까 // 어머니 / 당신은 어찌하여 / 분노할 줄 모르십니까 // 어머니 / 당신은 어찌하여 / 말도 없고 눈물도 없습니까 // 어머니 당신의 희생은 / 어느 대학에서 배우셨습니까.

이 시는 1997년에 쓴 나의 〈어머니, 당신은 어느 대학을 나오셨습니까〉의 일부이다. 80여 년 전 태어나 시골에서 살아온 어머니가 대학을 나올 리 없다. 한글을 깨우친다는 것도 쉽지 않은 세대다. 죽어라고 일만 하다 몸이 망가져 목숨 줄을 놓은 사람들이다. 내 어머니는 가끔 스스로에게 죽으면 썩을 놈의 삭신, 일이나 해야 한다고 하셨다. 그리고 내게는 '부모 팔아 친구삼는다.'고 가르쳤다. '남 못할 일 하지 않아야 뒤끝이 있다.'고 타일렀다. 그런 휴머니즘과 희생정신을 어느 대학에서 배우셨냐고 나는 어머니에게 물었던 것이다.

피곤이 삶이요 육체 노동이 경전이었던 어머니 덕분에 나는 대학교 행정실에서 오랫동안 일할 수 있었다. 그 과정에서 이 나라의 유명 대학은 물론 외국 이름 높은 대학에서 석·박사 과정을 마치고 학위를 받고 돌아와 그 분야에서 별을 단 장군처럼 지내는 교수라는 직업의 사람들을 여럿 보았다. 그리고 그들에게서 존경할 만한 모습과 배울 점을 찾고자 눈 평수를 넓혔다. 학문의 길에 익은 사람은 겸손했다. 시끄러운 세상과 함께 떠내려가면서 큰소리치지 않았다. 자기의 길에 그 걸음이 한결같았다. 열심히 공부한다는 것을 확인할 수 있었다. 모성을 느끼게 하는 애정도 발견할 수 있었다. 거기에 존경과 학위가 있어 보였지, 대학교의 감투를 쓰고 앉아 있는 사람의 가슴에 있는 것 같지 않았다.

딸이 딸을 낳았을 때다. 아중리에 있는 모 산부인과를 찾아갔다. 산부인과는 다른 병원과 달리 심란한 환자가 없어 다행이요 소독 냄새 역겹지 않아 좋았다. 아들 낳았다고 좋아하는 가족들도 있고, 순산했으니 다행이라면서 몸조리나 잘 하라고 하는 등 생명의 탄생에서 오는 평안과 위로가 사람 사는 동네 같았다. 아이들을 낳지 않아 미래 세대 인구를 염려하는 사회지만 그곳만은 예외인 것 같았다.

병원 2층 로비에 앉아 있으니 만삭이 된 여인이 남편과 들어서고 있었다. 눈여겨보니 임산부는 외국 여인이었다. 베트남 여인인가 싶었다. 그는 매우 불안해 하고 있었다. 그녀의 불안한 눈빛이 내 마음을 짠하게 했다. 아기를 낳을 때는 대개 친정어머니를 찾는다는데 그녀 혼자 낳아야 한다는 운명이 안쓰럽기만 했다.

지금은 글로벌 시대라고 한다. 그래서인지 우리나라에도 외국 아가씨들이 많이 와 있다. 그리고 농촌 총각들과 결혼해 살고 있는 사람도 많다. 인적 자원이 부족한 농촌 총각들은 외국 여성과의 결혼으로 가정을 꾸려 희망을 일구어가고 있다. 백의민족과 단일 민족만을 고집할 상황은 아니다. 결혼세를 지불하더라도 짝 없어 홀로 지내고 있는 청년이 있다면 외국 여성과 결혼시켜 두 나라의 문화를 배우고 익혀 세계적인 문화를 이끌어나갈 때, 우리의 미래도 세계적인 희망일 수 있다.

무주 진안 장수 쪽 청년들이 외국 여성들과 가정을 이루고 사는데 있어 그 부인들을 위로하는 자리를 마련, 게임도 하고 노래자랑도 한 예가 있다. 그리고 한글 교육을 시키기 위해 자원봉사자를 활용하고 있다. 얼마 전 경남 하동군에서는 외국인 신부에게 친정어머니 맺어주기 행사를 했다. 참 좋은 생각이었다. 친정어머니 된 분은 사회적 의무와 인륜적 희생을 자임한 분들이다. 낯설어 하는 외국 여성을 친자식처럼 대하고 격려하면서 미래를 함께 가꾸어 간다면 그 이상 고마울 일이 없다. 그러나 기관장의 축사로 끝나고 사진 촬영 홍보로 막을 내린다면 갓 쓴 도둑의 행사요 냄새만 피우고 마는 실망의 씨가 되고 말 것이다.

이 세계에서 친정어머니같이 편한 분이 또 어디 있겠는가. 딸을 길러보고 시집 보내고 손자를 얻고 보니 실감이 난다. 서울 며느리는 친정에서 지내는 게 부담이 적고, 내 딸은 제 엄마에게 아기를 맡겨야 직장 일손이 가볍단다. 외국인 여성들이 이 땅에 살면서 삼은 한국의 어머니를 진정으로 따르고 편안해 한다면 입양에 버금가는 인간애일 것이다. 그리고 어머니 되신 분도 친딸과 같이 생각하고 대한다면 미래의 축복이 클 것이다.

어머니가 갑상선 질병으로 고통을 느껴 대학병원 신세를 졌다. 얼마간의 지출이 있었다. 그런 어느 날 자동차세 고지서가 날아들었다. 어머니가 다가오시더니 얼마나 되느냐고 물었다. 얼마라고 대충 말씀드렸다. 이틀 뒤 어머니는 화내지 말고 받아두라며 돈 봉투를 내 손에 쥐어 주셨다. 가슴이 찡했다. 어머니를 바로 쳐다보지도 못하고 그냥 용돈으로 쓰시라고 했다. 어머니는 가지고 있으면 정신이 깜박깜박해 잊어버릴 수 있다고 하시며 그냥 밖으로 나가셨다. 이것이 세상 부모의 마음이요 친어머니의 가슴 결이다.

우리를 슬프게 하는 공직자들에게

엄마 젖이 나오지 않으니 아가는 엄마의 젖꼭지를 깨물다 울어버린다. 아가의 우는 소리가 잦아드는 모기 소리 같다. 엄마는 눈물도 바트고 아가의 팔 다리는 뼈와 가죽만 붙어 있는 듯하다. 눈은 한없이 들어가 있고 몸무게는 집토끼 한 마리 무게 만도 못하다. 그 핏줄을 바라보는 어미와 아비의 가난은 형법 몇 조의 죗값인가? 옆집에 가서 쌀 한 줌 얻어다 그 쌀을 자기 이빨로 으깨어 아기 입에 넣어 준 엄마의 모습을 바라보면서 나는 어린 시절을 보냈다.

그리고 나와 같은 세대들은 박정희에서부터 김대중 정권에 이르기까지 젊은 피와 열정을 바쳐 국가 재건에서부터 국민 경제 성장의 원동력이 되어 주었다. 마음의 허리띠를 졸라맸다. 찬물을 벌컥벌컥 들이키며 주린 배를 채워가며 일을 했다. 박정희 씨가 혁명을 미화하기 위해 서둘러 고속도로를 내고 정권의 입맛에 길들여져 오래 집권하고자 유신헌법을 챙기며 많은 반대자를 희생시켰다. 그러더니 내외 두 사람이 총성으로 잡은 권력의 죗값인 것처럼 총 소리를 저승으로 가는 운명곡같이 듣고 세상을 떠났다.

이어서 그의 후배인가 후계자인가 하는 두 사람의 군인 정치가가 뒤를 이었다. 그러고 난 뒤 거제도에서 태어나 어렸을 때부터 꿈이 대통령이라고 했다는 김영삼 씨가 대통령이 되었다. 그리고 그는 청와대 뜰에 어린이들을 불러들여 가수 조영남으로 하여금 '희망의 나라로'의 노래를 부르게 했다. 그리고 그는 끝내 이 나라를 아이 엠 에프라는 경제적인 망국 지경에 이르게 했다. 그때 사람들은 I · M · F를 '아이고(I) 미치고(M)고 환장(F)하겠네.'라고 했다. 참으로 다행인 것은 그가 거제도에서 태어나서 경제 망국으로 끝났지 거제도보다 작은 섬에서 태어나서 대통령이 되었다면 국토 · 주권 · 국민 모두를 다른 나라에 팔아넘겼다면 어땠겠느냐는 점이다. 결국은 그도, 노벨평화상을 받은 나이 든 대통령도 얼마나 수신제가를 잘 했는지 모르겠으나 자식들을 있는 대로 국립호텔(교도소)로 보냈다. 이것이 내 삶의 근대사요 지도자 상이다. 정치 지도자로 인한 죄 없는 백성들의 위장병과 고혈압과, 스트레스로 인한 질병이 많았을 것이란 생각이 따를 수밖에 없다.

독재자의 앞잡이 노릇을 했던 검 · 판사 명단이 밝혀졌다. 박종철 씨를 '탁' 하고 쳐 죽게 한 고문 경찰관 이근안도 잡혀 콩밥을 먹고 나왔다. 친일 행위자의 명단 공개를 거부하는 거대한 조직과 인맥을 밀쳐내고 그 이름들이 밝혀졌다. 억울한 누명을 쓰고 사형당한 당시의 젊은이들에게 무죄가 선고되었다. 세상 일, 때가 되면 밝혀지게 되어 있다.

국가의 위기에 강한 백성들은 아이 · 엠 · 에프 고개를 넘기자고 대통령이 호소할 때 결혼반지와 아기 돌반지까지 내놓았다. 그런 희생으로 국제적 경제 위기에서 해방될 수 있었다. 그래 한숨 돌리고 새로운 정부가 들어섰다. 그런데 이 참여정부의 공기업 공직자들이 자기 뱃속 채우기가 도를 벗어났다는 신문 보도가 계속 선량한 백성들을 슬프게 하고 있다.

국가 공기업이란 게 그 모양이다. 1년의 절반 가까운 140여 일의 공식 휴가가 있는가 하면 성희롱 · 입양휴가 · 창립기념일 대체 휴가 등, 이름을 못 만들어 못 놀고 있다. 적자가 6,900억 원인 한국철도공사는 직원 부인 외조부모 사망 때 평균 200여만 원을 지급했다. 한국건설관리공사는 재택 근무 명목으로 출근도 하지 않는 직원들에게 기본급의 75%를 매월 지급했다. 대한주택공사는 올해 7박 8일 일정으로 직원 200명을 1인당 150~200만 원을 지급해 연수차 해외로 내보낼 계획이란다.

지난 해 공공기관 중 직원 평균 연봉(8,758만 원) 1위였던 한국산업은행은 현재 21명이 외국 대학의 석사 과정에 재학 중이란다. 그리고 조만간 유학을 보낼 27명을 선발했다고 한다. 이들은 국내서 받던 급여 대부분 외에 학비 및 체재비로 1인당 연간 6만 달러 가량을 지원받는다고 한다. 공기업의 돈이 공空돈은 아닐 텐데.

공기업에서 벌어지는 '나눠먹기 잔치, 보는 대로 먹어치우기 경쟁'이 여기서 끝났으면 좋겠다. 그런데 어떤 공기업 사장은 7억

1,120만 원의 연봉을 받고, 감사는 4억 8,540만 원의 연봉을 받았다. 그리고 얼마 전에는 감사란 분들이 아프리카 어디로 연수라고 떠났다 허둥지둥 정신없이 되돌아왔다. 왜 그랬을까, 낙하산 타고 온 귀한 분들이라는데. 공기업이란 울 안에서 세금이란 먹잇감을 놓고 명분만을 만들어 서로 먹어치우자는 것일까. 그러나 한마디, 앞서 말한 대로 친일파와 불명예스러웠던 법관과 억울했던 영혼들의 무죄 등, 역사의 진실과 과오가 밝혀지고 있다. 공기업이든 은행이든 공무원이든 정객이든 우리를 슬프게 하는 공직자들! 이러고도 마음의 평안이 주어지는가! 염치를 잃으면 영혼이 소금을 잃은 격인데, 제헌절의 의미를 깊이 생각해 보라고 권고 하고 싶다.

부채의 시학詩學

바람은 부채의 아들이다.

부채바람은 사람과 사물이 만들어낸 제2의 자연으로서 자신에 대한 봉사와 타인에 대한 애정과 사랑의 바람이 된다. 그래서 더위 속에서도 부채바람을 일으켜줄 임이 있고 친구가 있으며 어머니가 있다면 세상은 살아갈 만하다.

바람은 구름이 가는 반대쪽에서 불어오고 그리움은 마음이 불어나는 쪽에서 일어난다. 그리고 맑은 기운은 그 바람이 불어오는 곳에서 다가오고 영혼의 고향은 숲 속이나 대바람 소리가 있는 그곳 어디쯤에 있다. 그래서 사람은 바람의 아들인지도 모른다.

연애 시절에는 바람났느냐고 물었다. 바람을 피우고 다니기에 가정불화가 잦다고도 했다. 인간에게는 바람이 있고 바람을 피우는 소질이 있어서 그랬을 것이다. 뜬소문을 일으키고 다니거나 쓸데없는 소리를 하고 다니는 스피커 같은 사람을 바람잡이라고 했다. 선거판에서는 바람몰이꾼이라고 한다. 시시비비를 가리기 이전에 혹하고 쏠리는 군중심리에 바람이 자리하고 있다는 것이다.

얼마 전 모 교수님과 점심을 할 때다. 교수님은 내 마음속 흐름을 읽고 있는 분이다. 그리고 내 글에 대한 애정과 독자의식이 남다르다. 그분이 보낸 장미꽃다발을 보고 나는 〈춤추는 장미〉라는 시를 지어 본 일이 있기도 하다. 그런데 그날 그분은 합죽선을 펴 부채바람을 일으키면서 좋아하는 화백이 선물로 주어 받게 되었다고 했다. 여름 부채요 겨울 달력夏扇冬曆이라는 말이 떠올랐다.

≪금오신화≫ 중 〈만복사저포기萬福寺樗蒲記〉에는, 양생에게 여인이 준 이별시가 있다. "비단 부채가 맑은 가을 하늘을 원망하는 일은 하지 마셔요."라는―. 가을 부채처럼 자신을 홀대하지 말라는 소망일 것이다. 우리 민요에는 "가을 곡식 팔아 첩을 사고, 오뉴월이 되니 첩을 팔아 부채 산다."는 구절도 있다.

사전에서 보면, 유럽에도 부채말〔扇語〕이 있다. 그 예로 부채를 입술에 대면 '기회가 주어지면 당신에게 키스를 허용한다.'는 뜻이란다. 또한 부채로 앞머리를 문지르면 '지금 당신 생각을 하고 있다.'는 것이요, 부채를 펴 얼굴을 가리면 '당신을 진정으로 싫어한다.'는 뜻이란다.

동양에서도 부채에 대한 뜻과 문화는 깊다. 순 임금은 요 임금에게 왕권을 물려받고서, 널리 눈과 귀를 열어 어진 사람을 구해 보필

하도록 한다는 뜻에서 오명선五明扇을 만들었다. 그 후 중국이나 우리나라에서도 수령이나 무관들은 반드시 부채를 휴대했다. 이는 손가락 대신 지시, 지휘하기 위한 지휘봉으로서였다. 그런가 하면 단심선은 자신의 충성이나 효성, 의리의 일편단심을 고려하고 부채에 그 뜻을 적어 보낼 때에 사용했다.

부채에 얽힌 인상 깊은 시적 가곡이 있다.

"부채 보낸 뜻을 나도 잠깐 생각하니 / 가슴에 붙는 불을 끄라고 보내도다 / 눈물도 못 끄는 불을 부채라서 어이 끄리" 이 마지막 행을 되씹다 보면 부채에 따른 시학의 멋으로서 이만한 것이 또 있으랴 싶다.

나도 한때는 부채에 대한 관심이 높았다. 아들이 대학생일 때는 지도교수나 기숙사 관장에게 합죽선을 선물했다. 이웃 나라 여행일 때는 비단으로 된 태극선 부채를 가지고 나가기도 했다. 고인이 된 조규화 씨와는 태극선 부채를 잘 만든다는 방○근 씨 댁을 찾아가 의논을 하기도 했다. 그런데 아파트로 이사를 온 뒤부터는 그 관심이 줄어들었다. 그래도 다행인 것은 소리문화의전당이 집에서 멀지 않아 그곳에서 대사습놀이대회 때 한 번씩 들러 보게 된다는 점이다. 그럴 때면 많은 명창들이 오른손에 쥘부채를 쥐고 소리를 한다. 그리고 그 부채를 이용해 사물을 가리키기도 하고 소리의 고개가 절정에 이를 때는 합죽선을 한번에 쫙! 펴 바람을 일으키면서 효과음을 높이기도 한다.

선풍기와 에어컨에 자리를 내주고 만 부채다. 자본주의 문화에

목 졸린 우리 문화와 도구가 한둘인가. 기계로 인해 조절된 공기 속에서 살갗이 닭살 되도록 시원하게 즐기는 게 오늘날의 여름 삶이다. 갇힌 공간 변질된 공기 속에서 자신마저 잃어버리는 것은 아닐까 싶다. 부채의 시학이 그리운 계절이다.

새만금을 위한 전북인의 좌향좌 정신

정서가 다르면 꿈도 다르다.

정서는 향토적 토양에서 부는 바람을 호흡하고 오는 비를 맞으며 내리는 눈을 바라보면서 조상의 생활문화 속에서 형성되어졌다. 그러므로 정서는 시간과 세월 속에서 자기도 모르는 사이에 조성되며 그것을 바탕으로 이성의 힘을 기르며, 미래의 삶을 개척하게 된다.

조선시대 사색당쟁은 사촌이 논을 사면 배가 아프게 했다. 당론과 계보가 다르다고 사육신을 만들어냈다. 일제에게 나라를 빼앗긴 뒤에는 친일파는 반친일파 색출에 앞장섰다. 6 · 25 한국전쟁에서는 남과 북으로 갈라져 이웃을 살해하고 부모를 등지게 했다. 5 · 16 군사혁명정부는 사상이 다른 사람을 반혁명적인 사람이라고 옥에 가두고 사형을 시키기도 했다. 그 뒤 이 땅에서는 영남과 호남이

배 아픈 사촌을 넘어서 선거 때 표가 다르다고 타 민족과 같이 대하고 차별하고 인재 등용에서도 철저히 외면하고 기피했다. 이것이 정치적 정서였고 역사적 성분이었다.

지난 해 7월 있었던 일이다.

새로 선출된 도지사는 S재벌 상무였던 사람을 정무부지사로 모셔왔다. 고장의 기업 유치를 위해서라고 했다. 그럴 듯했다. 그런데 부지사는 몇 개월을 못 넘기고 사표를 냈다. 실적 부진으로 그랬는지, 내부 조직과의 갈등이었는지, 조직 생리상의 차이였는지는 모르겠다. 하지만 자기 임기를 못 채우고 떠난 것만은 분명하다. 정무부지사 자리가 초등학교 반장 자리나 분단장 자리로 알고 왔는지 아니면 임명한 사람이 인물을 잘못 본 것인지 매우 불유쾌한 일이요 안타까운 일이다. 그리고 그분이 근무했던 회사와 S그룹이 전북을 외면하고 차별하고, 전북 사람을 좋아하지 않는다는 것은 삼척동자도 다 아는 사실이 아니던가.

후임 부지사를 중앙부처에서 모셔 오기 위해 노력한다면서 지난 7월 말까지 몇 개월 동안이 공석이었다. 중앙정부 협조 부족인지 전북 인재의 공황상태인지 전라북도의 비극인 것 같았다. 그런데 알고 보면 이 전북이야말로 인심 후하고 좋은 게 좋다는 식으로 사는 것 같다. 비빔밥 배불리 먹고 밤 되면 막걸리타운에서 막걸리에 푹 빠져 도정이고 새만금이고 헌만금이고 인재고 뭐고 집어치우고 내 살기 편하면 그만이라는 것인지 싶기도 하다.

새만금과 전라북도 발전을 위해 김대중 정부가 어떤 기여를 했는지 과문해 잘 모르겠다. 그런데 전북대학교에서는 명예박사 학위를 주었다. 뒤질세라 원광대학교에서는 현직 대통령을 모셔다 학위를 드렸다. 전남대학이나 목포대학 그리고 타 지역에서라면 모르겠으나 내 고장 전북에서 있는 일이라서 잊히지 않는다.

인터넷에 들어가 "새만금간척"을 검색해 보면, 새만금 소송 진행 상황으로 '소송 개요, 사건번호 2005 누 4412 / 피고, 농림부장관 국무총리 / 재판부, 서울고등법원 제4 특별부'가 떠오른다. 그런데 그 기록이 A4용지 5매에 이른다. 긴 세월의 아픔이요 전북인의 자존심이 흘린 피가 흥건하다.

새만금사업은 노태우 대통령 집권 당시인 1991년 국책사업의 일환으로 공사가 시작되었다. 그리고 이 공사가 17년을 끌면서 고소당하고 또 항고하고 하면서 1999년 5월에는 공사를 중단하고 민관합동 조사단을 구성해 새만금호 개발이 주변 환경에 미치는 영향 등을 조사했다. 그리고 2년에 걸쳐 조사하고 공청회 하고 토론을 통해 문제점을 보완하는 데 합의하고 간척사업을 재개하기로 결정했다. 이 사업이 전북이 아닌 타 시도에서 진행했어도 이런 상황이었을까? 이토록 도력道力을 허비하고 도민들을 지치게 했을까 역지사지해본다. 그동안 김대중 정부는 새만금에 대해 얼마나 적극적인 협조를 했고, 헬기로 다녀간 총리며 국회의원들의 진심은 어디에 있었는가? 선거 때만 되면 협조하겠다고 큰소리치고 돌아간 인물들의 눈동자가 눈에 밟힌다.

지난 주 포항에 다녀왔다. 그리고 포항제철을 구경했다. 그곳에는 당시 공사를 시작하며 목숨 걸고 일하던 사람들이 쓰던 현장 사무실을 '롬멜실'이라며 잘 관리하고 있었다. 바로 옆에는 '우향우' 정신이 있었다. 포항이란 해변 모래밭에 제철회사를 건설하는 데 있어 실패하면 모두 '우향우'해 동해 바다에 빠져 죽는다는 각오요 결심의 흔적이라고 했다. 전북에서 자식을 기르고 있는 사람들, 전북의 정서를 지닌 분들, 그리고 도정을 책임지고 있고 현장에서 일하고 있는 공무원과 건설 관계자들이 서해 바다를 향한 '좌향좌'정신으로 임한다면 새만금의 운명도 분명히 달라질 것이다.

학벌치레와 약육강식의 사회

내 나이에서 30을 뺀 그 당시에는 나도 연애 시절이었다. 불운했던 청년의 첫사랑은 끝내 이뤄질 수 없었다. 그때 나는 '운명'이라는 언어를 불송곳으로 스스로의 가슴에 음각하면서 하늘을 곱지 않는 시선으로 쳐다보기도 했다. 사랑했던 여인의 아버지가 사랑해서는 안 된다는 이유로서 내게 들려 준 마지막 말은, 학벌과 문벌이 시원치 않다는 것이었다. 그것이 내겐 쓴 영지버섯 같은 약이 되어 주었다. '혼자 서리라, 나를 기르고 내 역사를 위해 살리라.' 다짐했다. 내 길에 있어 30년 넘게 독서대학 생활을 하고 글 쓰는 귀양살이에서 금 간 도자기 같은 글일망정 글을 쓰면서 마음을 훈련하고 스스로의 물레질 속에 생명의 무늬를 수놓았다. 열 권 가까운 책을 냈다. 그리고 지금은 신문에 칼럼을 쓰는 삶의 길을 가고 있다.

조선왕조 때에는 양반으로만 태어나면 인생 만사 오케이였다. 일제강점기에는 친일파가 되면 큰소리치며 살 수 있었다. 6 · 25 때에는 사상 전쟁에 갈팡질팡하다 이승만 정부 시절에는 친미 쪽으로 붙어 영어만 한 단어 해도 가난의 포대기를 벗어던지고, 추잉껌 씹으며 양공주를 비웃을 수 있었다. 박정희 군사독재정부 때에는 군대에 갖다오지 않은 사람은 IMF 때 지하철 실직자같이 되었다. 혁명군의 노선에 줄 서고 군사문화적인 사람들은 돈과 권력의 양 날개를 달 수 있었다. 서울 모 언론사는 그 문화에 북장구를 쳐 언론재벌이 되었다.

그런 중 〈화려한 휴가〉의 영화 같은 광주학살사태를 지나서 민주화인가 세계화인가 하다가는 IMF가 오더니 줄 없는 봉급쟁이와 비정규직 그리고 세상 물정 모르고 정직하게 적금 붓고 산 사람들만 가을 나뭇잎 신세가 되었다. 그 뒤 지금껏 땅 투기 · 건물 투기 · 아파트 옮겨 다니기를 실천하지 못한 사람 또한 자본주의와 세계화 시대의 넝마가 되어 자식들만 정신 차리라고 족치고 있다. 분수를 알고 앞만 보고 정부 지도자의 말을 따른 사람은 귀가 없고 지하정보가 없어 '공수래공수거'나 내뱉는 꼴이 되고 말았다. 좋은 학교나와 정치인에게 줄을 잘 선 분들과 조상이 앞서 말한 계열에 선 사람들만 운명의 별을 단 사람들같이 되었다.

학교 졸업장을 간판이라고 한다. 우리나라는 대학도 회사도 주거지도 간판 문화로 표현하면서 차등을 둔다. 좋은 학교를 다녔다는 것은 10대에 학교 공부를 잘 하고 성실했다는 것이다. 그 이상도

이하도 아니다. 그런데 그 사람은 사회에서 강자가 되어야 하고 높임받는 것이 당연하다는 것은 겉만 번드르르 하면 된다는 페인트문화요 값 비싼 옷을 입으면 누구나 귀족이라고 우기는 격이다.

얼마 전 스님이 울었다. 유명한 연극인이 한국을 떠났다. 이름 있는 가수 탤런트가 어색하게 등장해 학력 위조에 대한 입장을 말했다. 가짜 교수였던 사람들은 끝내 눈물도 보이지 않고 있다. 오죽하면 가짜 학력에 스님이 목탁을 치다 울었겠는가. 실력 좋은 연극인이 무대를 뒤로 하고 공항으로 빠져나갔겠는가.

학교를 못 다닌 가난의 질곡을 아는가. 실력이 있어도 간판이 없으면 설 수 없는 강단의 벽을 짐작해 보았는가? 간판 하나 번듯하다고 제 할 일 안 하고 거드름만 피우는 사람을 눈여겨보는 인내심을 경험했는가. 누가 잘 나가고 싶지 않겠는가! 누가 돈과 명예를 거부하겠는가. 그러나 자신을 속이고 남을 속이는 거짓! 가짜! 비진실, 이것은 용납할 수 없는 일이다. 국가의 운이 도래해 이 가짜와 진짜를 구분할 기회가 주어져 다행이다. 걸름 문화를 생각하고 입장 바꿔 사고하는 정신을 생각해 보아야 한다. 약자의 입장에 더 많은 배려와 불우한 이웃에게 주는 따뜻한 시선이 더욱 깊어져야 한다.

세조 때 학자 김수온金守溫은 사람 얼굴이나 언행을 잠시 보고 그 사람이 소학小學만 읽은 사람인지 사서·삼경을 통달한 사람인지를 틀림없이 알아냈다고 한다. 성철 스님은 수행이란 안으로는 가난을 배우고 밖으로는 모든 사람을 공경하는 것이라고 했다.

'한 번 해병이면 영원한 해병'이라든지, 한 번 율사律士이면 죽을 때까지라든지 식의 두사부일체적 조폭들의 사악한 끈 문화를 정리하고, KS마크라는 우월감과 집단적인 히스테리에서 벗어나야 한다. 그리하여 우리 사는 곳곳이 걸러짐 문화로 허명虛名 대신 내실의 질서 속, 강자도 약자도 없는 세상 속으로의 행진이어야 한다.

두 여자의 얼굴에서 듣는 소리

불효자도 아버지가 그리울 때가 있습니다.

효자동 네거리에서 신호등의 파란불을 기다리는데 아버지를 닮은 분이 걸어오고 있었습니다. 아버지와 같이 머리가 벗겨지고 얼굴에 피곤함이 묻어나면서 빠르지 못한 걸음을 걷고 있는 분이 있었습니다. 나는 그분 따라 눈길을 돌리며 한참을 바라보고 있었습니다.

그날 저녁 아버지 제사상은 초라했습니다. 아이들은 직장 따라 나가 살고 있기에 어머니와 아내와 셋이서 기도하는 마음으로 아버지를 모셨습니다. 어머니는 이방 저방 모두 불을 밝히셨습니다. 아버지의 혼이 오시어 방방을 살펴보시는 데 불편하지 않게 그러는 것 같았습니다.

태풍이 지나가고 추석이 되었습니다. 아이들과 손자의 손을 잡고 아버님 산소를 찾아갔습니다. 산길 밤나무 아래서는 주운 밤톨을 손자 손에 꼭 쥐어주었습니다. 돌아가신 아버지도 내게 그리하셨을 것입니다. 자식들은 부모의 뒷모습을 보고 자란다는 말이 생각났습니다.

첫 직장생활을 하면서 아버지께 쥐색 두루마기를 월부로 해 드렸습니다. 그것이 아버지에 대한 나의 마지막 선물이 되고 말았습니다. 아쉬움에 가슴 근육이 저려오는 대목입니다. 살기 힘든 시절 가난이 대지같이 마뜩찮게만 여겨졌던 시절이었습니다. 그런 가운데에서도 도리를 잃지 않았던 생각이 납니다.

아버지는 "덕을 쌓는 가정에는 반드시 경사가 있고, 악을 쌓는 집엔 재앙이 따른다."고 가르쳐 주셨습니다. 어린 영혼에 돋을새김해 주었기에 지금도 잊히지 않고 불현듯 적선지가積善之家 필유여경必有餘慶이 입에서 튀어나옵니다. 배고프고 고단해도 남에게 못할 일 안 하면 자식 대라도 복을 받을 것이라고 어머니 또한 말씀하셨습니다. 명절 뒤끝에는 더 외롭습니다. 운동회가 끝나버린 초등학교 운동장처럼 텅 빈 쓸쓸함입니다. 아이들이 떠난 아파트는 적요한 공간일 뿐입니다. 허전함을 자위하면서 자기 생명을 끌어안고 가야 한다는 생각에 잠시 어지럽기도 합니다.

지난 9월 중순이었을 것입니다. 신문에서 보았습니다. 그리고 다시 TV에서 두 사람의 얼굴을 자주 보았습니다. 한 여인은 신정아 씨였습니다. 청바지와 검은 셔츠에 미색점퍼 차림이었습니다. 얼굴은 머리카락으로 가려져 있었습니다. 곁에서는 검찰 직원인지 힘 있어 보이는 두 사람이 그의 팔을 끼고 걷는데 기자들의 숫자에 밀리고 카메라 불빛 세례에 보행이 부자연스러웠습니다. 미국으로 도망가 있다 입국해 공항에서 붙들리어 오는 모습이었습니다. 비슷한 시간 같은 장소에서는 택시 타고 온 청와대 전 고위 공직자 변씨가 끌려가고 있었습니다. 그는 한때 200조 원의 국가 예산을 관리했고 청와대에서는 제2인자 자리에서 일한 능력인입니다.

그들은 왜 그렇게 되었는지? 한창 일할 나이에 그들 말대로 예술동지라고 한다지만, 그 꼴이 안타까웠습니다. 돈과 권력 교수라는 명예직, 그리고 종교단체의 이해관계! 믿는 자나 안 믿는 자나 수행자나 상인이나 똑같이 눈 먼 행태라면 이 얼마나 비극적인 나라인가 싶습니다. 예술 동지든, 이성의 동지든, 우정이든 세인의 눈총을 받는 데까지 와버린 그들의 젊음과 생명의 무늬가 아까웠습니다.

유신 정권 때, 검찰 고위직에 있으면서 서슬 퍼렇게 권세를 부리던 사람이 형무소에 들어갔을 때였습니다. 그의 구순 노모는 학교 다닐 때, '공부 잘 해라 공부 잘 해라.'고만 했지, '사람 되어라 사람다운 사람이 되어라.'고 하지 않아서 자기 자식이 저 꼴이 되었다면서 모든 게 자신의 잘못이라고 했습니다. 그런데 그분의 말씀을 나는 지금도 잊지 못하고 있습니다. 머리 좋고 공부 잘해 고시에 합격한 수재들이 가끔 국립호텔(교도소)에 가는 것을 봅니다. 인문학 공부가 뒤지고 참된 인간으로서의 정서적 소양이 부족한 사람들이라는 생각에 인문학 정신이 우러러집니다.

그날 신문의 한 면에는 "김연아! —한 마리의 학이 빙판 위에서

춤을 추듯이 멋진 연기를 펼쳤다." 피겨 여왕 김연아 17세—. 라고 극찬했습니다. 4,500명 관중의 환호 속 빙판 위에 우뚝 선 그녀, 독보적인 우아함의 극치! 흉내낼 수 없는 그 세계! — 그것이 예술이요 종교며 율동이지 뭣이겠습니까. 김연아! 그의 얼굴에서는 새벽 숲 속 나뭇잎 끝 이슬에 한 줄기 빛이 통과하는 신선함과 긴장감을 느낄 수 있었습니다. 탄력적인 힘과 그윽하고 조용한 눈빛에서는 천상의 음향이 들려오는 듯했습니다. 그런데 앞서 말한 가짜 교수 신 여인의 얼굴에서는 종이 구겨지는 소리가 들리는 것 같았습니다.

영화 〈밀양〉과 프로 정신

TV를 방망이로 박살을 내고 싶은 때가 있다. 서너 개 방송사의 드라마 작가들이 야합해 광고료나 올리자고 한 듯, 화면에 나타나는 연속극 내용의 흐름이 한결같기 때문이다. 부잣집 정원의 나무와 잔디, 그 안에 살고 있는 자들의 호화 생활, 그리고 한 여자에 두 남자의 사랑 줄다리기 아니면 이혼했다 다시 결합하는 저질적 고뇌, 희귀병 환자의 치료를 위한 버린 자식에게의 혈액이나 유전자 세포의 구걸― 너무도 뻔한 내용을 가지고 한 달 두 달 끌고 가면서 시청자를 피로하게 한다.

학창 시절에 호기심에 끌려 훔쳐본 영화 〈마부〉·〈빨간마후라〉·〈돌아오지 않는 해병〉·〈아내를 빼앗긴 사나이〉에는 흥미는 물론 인간미가 넘쳤다. 〈마부馬夫〉라는 영화는 김승호가 아버지로,

신영균이 아들로 출연했다. 힘들게 말 수레를 끄는 아버지의 고통을 덜어주기 위해 아들은 열심히 공부해 고등고시에 합격한다. 그럼으로써 아버지의 한을 풀어줌과 동시에 가난한 이웃의 대리 만족과 승리감을 맛보게 한다. 개천에서도 용이 날 수 있다는 희망을 주었다. 누구나 열심히 일하고 정직하면 살 만한 세상이 온다는 희망이 있었다. 지금의 TV 드라마같이 부잣집 사람들의 살 썩는 냄새가 없었다.

그 후 사회생활을 하면서 보아온 영화가 임권택 감독의 〈씨받이〉요 〈태〉요 〈서편제〉이며, 〈취화선〉과 〈천년 학〉이다. 여기에서도 여성들을 벗겨 놓거나 배꼽 내놓고 춤추게 하는 짓거리는 없었다. 예술적 한국 문화의 유전자며 줄기세포가 살아 있어 감독을 존경하는 위치에서 바라보게 했다.

전주국제영화제 행사가 끝난 뒤 〈밀양〉이라는 영화를 보기로 했다. 선입견에는 밀양! 하면 '밀양박씨'의 밀양密陽을 생각하게 되었다. 그래서 소개된 내용을 훑어보았다. 그리고 2003년 2월부터 2004년 6월까지 문화관광부 장관을 지낸 이창동 감독의 〈숨어 있는 빛(Secret Sunshine)〉임을 짐작하게 되었다.

몇 년 전 배우 설경구는 이창동 감독을 '변태'라고 했다. 만족스러운 그림이 나올 때까지 같은 장면을 찍고, 찍고, 또 찍는 지독함을 경험하고 한 말이다. 영화감독을 하다 장관이 되고, 장관을 하다 그만두고 다시 감독이 되고 하는 면에서 나는 이 감독을 생각해 보기로 했다. 그리고 그가 만든 영화가 보고 싶었다. 가장 위대한 작품은 위대한 작품을 만든 그 사람 자신이기 때문이다.

아침 할인 혜택을 받고 극장 안으로 들어섰다. 두어 쌍의 젊은이들뿐이었다. 시력에 맞게 앞좌석으로 다가가 앉았다. 영화는 남편이 사고로 죽게 되자 부인 신애(전도연)가 남편 고향인 밀양으로 내려와 피아노학원을 차린다. 그런 어느 날 자신의 생명과도 바꿀 수 없는 아들이 유괴되어 살해당한다. 그는 아들 준을 생각하면서 옆 사람에게 '당신이라면 이래도 살겠느냐.'고 외친다. 기독교에 입문한 신애는 살인범을 용서하겠다고 교도소를 찾아간다. 자기가 돈이 있어 좋은 땅을 사겠다는 소문을 듣고 아들을 돈 때문에 납치해 살해한 교도소의 범인은 옥중에서 하나님을 영접해 회개하고 이미 용서를 받았다고 태평하게 말한다. 주인공 신애는 "내가 용서하지 않았는데, 이미 용서를 받았다"고? 하면서 극도로 분노한다. 병원으로 실려간 신애는 병원 입구 커피 자판기에서 '고장 · 사용금지'를 읽게 된다. 감독은 인간과 신과의 관계가 고장난 것으로 본 것인가 - 정신이 나간 신애는 돌아오는 길에 교회 부흥회 장소의 방송실로 가서 김추자의 '거짓말이야'의 노래를 크게 틀어놓는다.

주인공은 밀양에 와서 돈이 있고 그 돈으로 좋은 땅을 사겠다고 했다. 돈 냄새와 땅 투자에 대한 시대적 질병의식이 자기 새끼를 살해하게 한 원인이 되었다. 신애는 마침내 집으로 돌아와 거울을 보며 스스로의 머리를 자른다. 그 머리카락은 집 앞마당의 수챗구멍 위로 쓸려 내려앉는다. 그 수챗구멍 위에 한 줄기 환한 햇빛이 서린다. 구원은 저 높은 곳이 아닌 수챗구멍 밑바닥에 있다는 것인가.

감독은 일찌감치 칸국제영화제를 염두에 두고 그 쪽 사람들 취향에 맞게 영화를 제작했다고 한 사람도 있다. 어쨌든 밀양은 한국

배우가 칸의 붉은 카펫을 밟고 나아가 여우 주연상을 탈 수 있게 했다. 한국의 영화가 피로감에 젖었는지 거품과 과열경쟁에서인지 미래가 어둡다고 한다. 그러나 나는 한 사람의 작가로서 〈밀양〉과 같은 작품을 만들어내기 위해 가슴속 숙제로 안고 몇 년을 고민하다 완성해낸 감독의 프로 정신과 진지한 행동을 고민해 보고 싶었다. 창작이란 그런 것 아니겠는가.

내장산 단풍 보기 부끄럽겠구나

정읍에는 백제가요인 〈정읍사〉가 있어 남편 그리는 아내의 애틋한 정을 노래해 왔다. 그리고 그에 앞서 내장산이 배추 속같이 자리잡아 천지 같은 여름 숲으로, 불타는 가을 단풍으로 주민들의 정서를 순화시키고 호남평야 사람들 가슴을 맑혀주었다.

> 저무는 강둑을 간다 / 농부의 지게 위에 얹힌 노을 / 뒤따르는 아낙 / 광주리에 담긴 배추 몇 포기 // 붉은 유리조각으로 / 부서지는 저녁 강 // 물결처럼 모두 / 함께 간다 / 고단한 긴 그림자 / 뒤에 끌고서

호병탁 시인의 〈귀가〉라는 시다. 이 시어에 전북인들 삶이 옴시래기 들어 있는 것 아닐까.

과학이 인간의 삶을 편리하게 하고, 금융은 돈이 아니라 행복이라고 하는 인류 문화의 강가에서 우리는 살아가고 있다. 그리고 자동차 뒤꽁무니에서 나오는 매연에 기침을 하고, 밤하늘의 별빛 같은 네온사인 아래서 흔들리는 가슴을 붙잡고서도 이 땅의 삶을 포기하지 않고 살아가고 있다. 그러면서도 한편으로는 자연에 대한 그리움과 인간다운 삶의 향수를 떨쳐버릴 수 없다.

단풍 없는 가을을 노래할 수 없다.

단풍 없는 내장산을 생각할 수 없다. 내장산 단풍은 모든 이의 가슴을 설레게 한다. 한순간 심장을 멎게 하는 힘이 있다. 조물주가 이 나라 이곳에 이 산을 두고 많은 이들이 보고 즐기면서 생각이 깊어지게 하는 뜻이 충분히 있는 것 같다.

내장산은 본래 영은사靈隱寺의 이름을 따서 영은산이라고 불리었으나 산 안에 숨겨진 것이 무궁무진하다 하여 내장內藏산이라고 했다는 것은 상식이다. 호남의 금강으로서 이 산은 1971년 11월 17일 인근 백양사와 함께 국립공원으로 지정되었다. 산 덩어리를 보면 81.715㎢에 전북에 속해 있는 면적이 47.504㎢이고 전남 쪽이 34.211㎢로서 정읍시와 순창군, 전남 장성군에 걸쳐 있다.

국립공원을 관리하는 곳을 "국립공원관리공단"이라고 한다. 이 관리공단은 자연공원법 제44조에 의거 1987년 7월 1일자로 설립되었다. 설립 목적은 '국립공원관리청인 환경부장관의 권한을 위임받아 국립공원의 보호 · 보전과 공원 시설의 설치 · 유지 · 관리를 효율적으로 수행함'으로 되어 있다.

그런데 요즈음 우리 전북에서는 국립공원관리공단에서 지리산국립공원은 지리산 일주도로 폐쇄 문제로, 내장산은 공원 명칭 변경 관계로 열 받고 있다. 사람살이가 큰 일이 안 풀리면 작은 일에 신경 쓸 여유가 없다. 그동안 전북에서는 새만금사업으로 17년을 시달려 왔다. 아니 더위 먹은 수캐마냥 '새만금 새만금' 하면서 헐떡거려 왔다. 대기업의 회사 하나를 유치하기 위해 도백과 도의 인재들이 비굴하리만치 찾아가서 문안드리며 통사정도 했다. 한 해 만 명 이상 쏟아지는 이 고장 대졸자들의 취업을 위해 도민 모두가 힘겹게 노력해 온 것이다. 그런 가운데서도 새만금은 아직도 미래의 설계가 분명치 못하고 전주시는 경전철사업을 포기당하고 만 꼴이 되었다. 그리고 전북은 공항을 비롯해 교통수단 모두가 뒤쳐진 낙도가 되어버렸다.

전라북도가 언제부터 이렇게 만만하게 된 것인가. 광주의 하남공단이며 목포의 발전을 보면서 지역 인물의 그리움이 컸다. 남한 땅에서 전라북도만 대통령을 배출하지 못해 그러는가 싶은 서러움을 안고서도 표내지 않고 살아왔다. 그런데 근자에 와서는 내장산에 백양사가 있고 전남과 경계해 있으니 공원 이름까지 바꾸겠다는 발상이라니 이 아니 놀라운 일인가.

국립공원관리공단 직원이 900여 명이 넘는다는데, 하는 일이 수월해서인지, 공단의 박화강 이사장이 조선대학 경영학과 출신이라서 전남에 대한 애정이 깊어서인지 생각이 곱지 못한 쪽으로 쏠린다. 공단 설립 목적에도 공원 명칭 변경이나 작명에 대한 조항은 없다. 지금껏 조용했던 공원 이름을 왜 이제 와 시비를 거는 것인지 알 수 없다. 만약 그런 식이라면 전북의 인사가 대통령이 되고 관리공단 이사장이 되면 국립공원 이름을 다시 변경한다 해도 할 말이 없지 않겠는가. 정읍 칠보면 이장단과 주민 2,456명은 내장산 공원 명칭 변경 반대 서명에 동참했다. 그리고 전북산악연맹에서도 법적 대응을 한다고 했다.

나라 밖으로 눈 돌려 할 일이 얼마나 많은데 이런 일에 주민과 국민들 에너지를 소모해야 하는지 참으로 한심한 일이다. 이런 식으로 나간다면 앞으로 순창군 고창군 정읍시 등 전라남도와 경계하고 있는 행정구역 명칭까지 고쳐야 한다고 할 것인지도 의문스럽다. 이래저래 국립공원관리공단 직원들과 전라북도 공직자들 그리고 눈에 핏발을 세우고 선거만 생각하는 사람들과 함께 나를 비롯한 도민들이 금년 내장산 단풍 보기가 부끄럽게 되었다.

만추晩秋의 내장산 길에서

내실 있게 사업을 경영하는 김영을 사장과 그의 친구와 익산 명가에서 점심을 먹었다. 그리고 전주로 돌아오는 길에서였다. 은행나무가 줄지어 서 있는 곳을 지나는데 차창 밖으로 은행잎이 소낙비 오듯 지고 있었다. 길에는 부채꼴 은행잎이 도도록이 쌓여 있는데, 지는 잎들이 가을 무늬로 시야를 노랗게 물들여 건조한 가슴에 황금분수를 뿜어내는 느낌이었다.

다음 날에는 내장산 가는 산악회의 일일 회원이 되어 출발했다. 차는 장성 남창골에 두었다. 그리고 몽계폭포 · 상황봉 · 순창새재 · 소둥근재 · 까치봉에서 내장사로 내려가는 코스를 택했다. 올해는 가을이 더디 와 오래 머물러 주었다. 그만큼 날씨가 한 부조를 했다. 기름값 상승, 정치적 어지러움, 연기자의 자살, 공무원들의 부패 등이 마냥 짜증나게 하는 데 따른 자연적 위로의 시간 연장이나 되는 듯했다. 강천산 단풍은 보고 왔는지라 내장산 단풍이 궁금했다. 명칭 변경에 따른 문제가 시끄러운 동안 내장산은 어떻게 지냈는지? 싶었다. 그러나 산은 언제 무슨 일 있었느냐는 듯 적요했다.

차에서 내려서부터는 맨 뒤의 김경근 산악연맹 감사의 뒤를 따랐다. 오랜만의 산행이라서 내 체력의 한계 내에서 산길과 호흡을 맞춰 조절하면서 끝까지 지치지 않겠다는 겸손한 보법을 생각했다. 몽계폭포 나무다리를 건너는데 구름다리 바닥에는 가랑잎이 수북이 쌓여 있었다. 산 공기는 가슴속 깊이 스미고 있었다. 육신의 모든 세포가 이 신선한 공기의 스밈에 대해 웬 떡이냐는 식이었다.

산에는 나무대로 이름대로 위치대로 가을이 내려앉아 있었다. 단풍은 붉은 것만은 아니었다. 노랗게 물든 잎도 있고 물기 없이 파르란 잎도 있었다. 이미 모든 수분이 증발된 채 나뭇가지에 매달린 잿빛 나뭇잎도 많았다. 말라가는 풀잎들의 몸짓도 볼 수 있었다.

정상에 섰을 때는 산등성이에서부터 붉어져 바람과 함께 내려 밀리는 단풍 빛이 항아리 같은 골짜기로 쓸리고 있었다. 길을 걷다 눈에 번쩍 띄는 신인 탤런트 같은 선홍빛 단풍나무 잎들은 해맑은 가을 햇살을 받아 투명하게 비치고 있었다. 그리고 잎맥은 병아리 발목같이 비쳐지면서 하늘을 이고 있는 곳에서는 여인들의 감탄사가 뒤따르는 사람들의 청각까지 흔들어댔다.

가을 나무 잎은 모두가 고운 것만은 아니었다. 나름대로 나무 나무들이 익어가는 가을볕에 깊어가는 한 해의 아쉬움을 안고서 제각기 물들어 가는데 있어서의 조화로움이었다. 내장산 가을 단풍축제의 의미도 거기에 있었다. 대개의 산은 사람의 눈길을 포근히 받아준다. 좋은 산일수록 사람의 눈길을 흡수하듯이 머금을 줄 안다. 그리고 좌우의 산들이 서로 받쳐주고 감싸주면서 균형과 안정을 주는데 내장산은 더욱 그렇다는 생각이었다.

많은 나무는 겨울이 되면 일조량 부족으로 광합성 작용이 줄어든다. 하여 수분과 영양, 당분이 부족해진다. 그러므로 스스로 몸단속을 한다. 다이어트하듯. 그래서 머리 눈頂芽 쪽과 그 아래 측아 부분의 나뭇잎을 먼저 떨친다. 그리고 서서히 전체의 나뭇잎을 변색시키면서 생존을 위한 이별을 눈물 없이 진행한다. 이 작업을 '떨켜'가 주관한다. 떨켜는 나뭇잎 자루와 가지 줄기 사이에서 생겨 잎의 떨어짐을 독려한다. 그러므로 가을이면 '떨켜'의 역할이 절대적이다.

내장산 산길을 6시간 이상 걸으면서 여러 생각을 했다. 평일인데도 밀리는 등산객으로 인한 산의 스트레스도 안타깝게 느껴졌다. 낙엽과 같은 인간의 운명이 생각날 때는 생명의 추위가 몰려오는 느낌이었다. 그러나 끝내 고민스러운 것은 내 삶에 있어 욕망을 떨궈낼 수 있는 자의식의 '떨켜'가 가슴속에 내재하고 있는가 하는 것이었다.

노거수老巨樹와 인물

나무는 오래 살면 거목이 되고 더 버티면 노거수老巨樹란 호칭을 얻는다.

나무는 나이테로 나이를 먹고 동물은 이빨로 나이를 셈하게 된다. 나무도 오래 되면 어린 나무에서 찾아볼 수 없는 거칠고 딱딱한 껍질의 두께며, 힘없이 바스러지는 모습에서 나무의 외로움과 슬픔을 짐작하게 된다. 사람도 나이가 높아지면 이상한 증상이 나타난다. 손등은 거칠어지고 검은 티들로 덮인다. 얼굴에는 주근깨와 저승꽃이라는 검버섯이 돋아난다.

나무는 거목이 되고 노목이 되어도 그 푸름과 그늘을 잃지 않는다. 오히려 정정한 나무 앞에 서면 서늘한 기운과 아름드리 굵은 허리며 땅 위로 드러난 뿌리의 기운에서 땅 속 뿌리 세계의 힘과 기운을 느끼게 된다.

나무도 나무 나름이다.

수종도 중요하지만 그가 서 있는 장소며 역사며 유래에 대한 넉넉한 인연만큼 품고 있는 사연이 많고 그 줄기마냥 푸르고 굵다. 큰 사람은 하늘에서 낸다는 말이 있다. 노거수 또한 하늘의 뜻 같다. 사람됨을 인격으로 표현한다면 나무에는 수격樹格이란 말이 있을 법하다. 사람의 품격을 품위로 나타낸다면 거목에게는 기품이 있다 할 것이다. 한 그루의 나무 생명과 그 세계가 인간 못지않음을 느끼게 된다. 포항시 마북리 느티나무는 권씨 할배나무라고 하며, 무자천손無子千孫나무로 불리는데 수령이 700년이나 되었다고 한다. 전북 남원 사매면의 노봉서원 근처에도 당 태종 원년에 심은 나무가 있다고 들었다. 그뿐인가. 미국의 서부에는 5천 년이 넘는 노목이 많다는데 나이테의 기록이 그렇다고 한다. 백 년을 내다보면서 살아온 인간 수명이 퍽 가볍게 느껴진다.

전주시 삼천동 안행현대아파트 옆 도로변에는 작은 공간의 공원이 있다. 그리고 노거수 한 그루가 하나의 세상을 이루고 있다. 그곳 돌비에 새겨진 내용이다. "이 곰솔나무는 조선 초, 장범의 아들 강綱이 전주에 내려와 살기 시작한 뒤, 선산先山 조경수로 심어 후손들이 소중히 가꾸어 왔으며, 1988년 천연기념물로 지정받아 수려한 수형을 자랑하였다. 그런데 1955년 이 지역을 공원으로 조성하게 됨에 따라 장씨 문중에서는 이곳 선형의 묘 · 제각을 타지로 이전하고…. –인동장씨 후손 일동 –"

시청에서 세운 게시판에는, "전주 삼천동의 곰솔 / 천연기념물 제 355호 / 전주시 완산구 삼천동으로서, – 이 곰솔은 내륙지방에 있다는 점과 나무 형태가 특이하여 주목받고 있다. 곰솔의 크기는 높이 12m, 가슴 높이 나무 둘레 9.62m, 동서 길이 34.5m, 남북 길이 29m에 이른다. 이 곰솔은 지상으로부터 펼쳐져 마치 학이 공중으로 나는 모습처럼 보여 매우 아름답다."라고 소개되어 있다.

찬비가 내리는데 나는 철책 밖 인도에 서서 곰솔나무를 하염없이 바라보았다. 이 나무가 이 자리에 심어진 것은 6~7백 년 전의 일이다. 그 당시에는 누가 이곳에 이렇듯 도로가 나고 아파트가 들어서 땅값이 치솟아 나무로 인해 배가 아픈 사람이 생길 줄 알았겠는가. 누가 이 나무를 해칠 것으로 상상이나 했겠는가.

노거수는 거의 맨살이 되어 있었다. 두세 가지만 남동쪽으로 뻗어 제 빛과 잎을 지탱하면서 숨가빠 하고 있었다. 나무는 학이 날아가는 형세도 아니었다. 검푸른 숲의 해송도 곰솔도 아니었다. 나무는 정점도 잘려져 나갔다. 온몸이 벗겨져 부서졌다. 팔 하나에 운명을 걸고 서 있는 비참한 장애인 꼴이었다. 나무는 중증 장애목으로서 꺼져가는 숨을 토하고 있었다.

나무를 가꾸지 못하고 숲을 소중히 여기지 않으며 자연의 아픔을 생각할 줄 모르는 시민이 어찌 큰 인물을 길러낼 수 있겠는가. 그리고 어떻게 성현의 고향이 될 수 있겠는가. 전북에는 지금껏 대통령이 한 사람도 나오지 않았다고 하기에 앞서 이 나무 앞에 서 생각을 가다듬어 볼 일이거니 싶었다.

제3부 노인문화를 가꾸는 나라가 선진국이다

노인문화를 가꾸는 나라가 선진국이다

금년 여름, 저 남쪽 청정 바다에서는 한 달 사이 청춘 남녀의 주검이 넷이나 떠올랐다. 그런데 살인자가 일흔 살 노인이라고 했다. 주꾸미 잡이에 팔 힘이 좋아졌다지만 팔팔한 젊은이를 그것도 본능적 충동에 의해 바다에 밀어넣었다니 벌어진 입이 다물어지지 않았다. 그런데 몇 달 전 어떤 아가씨는 자기 아버지를 치매환자라고 병원에 강제 입원시키고 아버지의 카드를 긁어대면서 할 짓 못할 짓 다해 아버지가 딸을 경찰에 고소한 사건이 있었다.

아버지 카드가 욕심나지 않게 청소년들 일자리가 우선적으로 주어져야 한다. 젊은이들이 일할 수 있는 기회가 고루 주어져야 함과 동시에 도덕적인 가치관이 심어지도록 교육해야 한다. 경제협력개발기구(OECD) 국가답게 국민의 문화와 사회의 밑바닥 안전망 확대와 인간다운 교육이 선행되어야 한다. 해외에 나가 일하는 우리 청년들을 보면 다른 나라 젊은이에 비해 결코 뒤지지 않는다고 한다. 적응력이나 개인의 능력에서는 오히려 뛰어나다고 한다. 그런 수준의 청소년들이 미국 유학생 중 세계 제일이라고 한다. 그런데 그런 그들이 한국에 들어오면 청년실업자가 되기도 하고, 기업에 들어가서는 조로早老현상을 빚고 있다. 그리고 대기업에서 근무하는 평균 연수가 12년이 못 되는 실정이다. 기업주나 사업가가 함께 고민해야 할 부분이다.

치과에 가서 어금니를 뺐을 때다. 허망하다는 생각에 창밖 하늘을 쳐다보았다. 그랬더니 옆의 아는 분이 그랬다. 국산 50~60년 써먹었으면 그러려니 해야 한다고.

나이가 늘면 사람은 늙어간다. 생명이 없는 기계는 낡아간다. 인체 조직도 기계 같다는 생각을 하게 된다. 동물이나 기계나 나이가 높아져 낡아지면 괄시받기 쉽다. 다 된 건전지 취급당하지 않으면 다행이다. 이해는 된다. 젊은이들의 일자리도 없는데 무슨 놈의 노인들 일자리며 복지 문제냐고 한다면 미안스럽기도 하다.

실천유학實踐儒學의 할아버지로 우러름 받는 김굉필 선생은 순천에서 형 집행으로 죽임을 당할 때 수염을 가다듬어 입에 물고 죽었다. 수염의 상징적 의미가 컸다는 이야기다. 지금은 나이가 들어도 수염을 기르지 않아서 그런지 노인 대접이 말이 아니다. 수염이라도 길러야 하는지 싶도록.

세계 최고 노인국가로 불리는 일본에서는 80세 이상 인구가 700

만 명을 넘어섰다. 생산 인구(15세~64세)에 대한 고령자의 비율인 노령 인구 지수는 33.1이다. 그리하여 생산 인구 세 명이 고령자 한 명을 부양하고 있다는 결론이다. 따라서 일본은 고령화 대책으로 정년 연장 법을 2008년 4월부터 시행, 2013년에는 모든 기업이 60세 정년을 65세까지 보장하도록 했다.

우리나라에서도 노인 문화와 일자리에 대해 어느 정도 신경을 쓰고 있다. 그런데 그것이 건강관리나 화려한 마을 회관 지어주기, 장수만세 식 지역 축제와 환경미화원이나 주유 · 주차관리 · 화장실 청소 · 행정기관 수위의 수준을 넘지 못하고 있다.

노인들에게도 인격권이 있고 품위 유지비가 절실하다. 보수가 작아도 자부심과 보람을 느낄 수 있는 일자리이어야 한다. 축적된 경험과 지식을 전달함으로써 보람을 느낄 수 있도록 하는 가운데 고령층만 할 수 있는 일들을 찾아 법제화해 실행해야 한다. 그리고 그에 따른 예산도 찾아내야 하고 짜내야 한다. 연말만 되면 멀쩡한 보도블록을 뜯어내고 다시 까는 것, 공공기관 건물의 기와지붕을 일 년도 못 되어 갈아치우는 것, 사무실의 멀쩡한 비품을 교체하는 일, 쓸데없는 축제 비용, 하지도 않는 연구비 지급과 공사와 은행 등의 과다한 인건비와 떡값, 의원들의 해외 여행 경비 줄이기 등 많고도 많다. 노인들 일자리가 제도적으로 개선 실천되어야 선진국다운 선진국이 될 것이라는 것은 상식이다. 그래야 뒤에 오는 젊은 세대도 내일의 염려가 줄어든다.

한번 찍고 5년 동안 후회할 것인가

국립전주박물관 2층 미술실에는 고종의 어진 곁에 '기러기' 그림이 있다. 정조대왕이 그린 그림이다. 정조는 깊은 학문과 예술적 소양을 가졌던 분으로서 탕평책을 써 인재를 고루 등용시켜 당쟁을 없애려 했다. 그리고 규장각을 부활시키는 등 문예부흥을 일으킨 군왕이다. 또한 정조는 아버지 사도세자의 성품을 이어받아 그림에 대한 취미가 깊어 직접 그림을 그렸는데 이 기러기 그림도 그렇듯이 창작되어 전수되었으니 마음의 눈이 가지 않을 수 없었다. 그림은 눈도 선명한 큰 기러기와 물 속을 헤엄치는 작은 기러기가 퍽 다정스럽게 노닐고 있는 분위기였다.

조선시대와 같이 철저한 신분사회에서 장영실은 노비로 태어났다. 그러나 그는 치밀한 손재주를 인정한 세종으로 인해 벼슬을 하사받게 된다. 그리고 노비에서 해방되어 임금 곁에서 노력한 끝에 1434년 자격루를 만들어냈다. 세종은 또한 '나라말이 중국과 달라 백성들이 쉽게 자기 의사를 표현하기 어려운 점'을 생각해 훈민정음을 만들어 반포했다. 빼어난 애민정신이요 이 땅의 군왕으로서 최초의 민주주의적 발상의 꽃이요 씨앗이었다. 그리하여 지금 우리가 이용하고 있는 만 원권 지폐에 그 분 초상화를 새겨 거래가 있을 때마다 바라보게 된 것이다.

며칠 전에는 지난 해 히말라야 원정길에 올랐던 청년 산악인 세 사람과 삼겹살에 소주 한 잔을 했다. 누구라 할 것 없이 소주 두 병에 4인분의 고기를 시켰다. 각자의 의사대로 마시고 소면으로 저녁 식사를 마쳤다. 계산은 대장격인 맏형이 카드를 긁었다. 그들은 군말이 없었다. 무언 중 착착 진행되고 절도가 있었다. 신선한 분위기가 감돌았다. 그런데 식사 도중 한 마디 말은 이번 대선에 표를 줄 마땅한 후보가 없다는 것이었다. 이 ×이 그 × 같고, 그 ×이 이 × 같다는 것이었다.

등산을 한다 해도 산을 고려해 가야 하고, 물건을 하나 구입한다 해도 소비자로서 탐색을 해야 한다. 시간과 비용이 든다. 하물며 5년 동안 국가 살림을 맡겨야 할 후보를 골라야 하는 유권자는 피곤하고 짜증스럽다. 더욱 골 때리는 것은 대선 시장市場에 나와 대통령감이라고 설치는 상품의 품질과 가격이 영 마음에 들지 않는다는 것이다. 경험의 도사가 된 유권자에게 공약사업이나 당이나 인품이나 가족들의 사생활이나 무엇 하나 동정할 게 없다. 마음대로라면 외국의 산행이나 떠나버리고 싶은 것이다. 우리의 피곤한 생계를, 교육과 문화를, 미래의 부담을 감싸주고 덜어 줄 사람이 없다는 것이요, 유권자에게 후보자가 심장으로 전하는 메시지가 없다는 것이다.

언제는 어쨌더냐! 과거를 보면 더욱 신물이 난다. 그런데 우리의 역사를 우리가 부정한다고 국제사회에서 덕 볼 일 또한 뭣이겠는가. 청와대 세종실에는 7명의 대통령 초상화가 걸려 있다고 한다. 그들의 악취는 덮어두고 밝은 면을 억지로라도 들여다본다면 어떻겠는가. 건국과 뛰어난 외교 감각의 이승만, 미래의 먹을거리를 고민한 산업 장려의 박정희, 우유부단 속에 극과 극의 대립을 피해간 물태우, 하나회 척결과 금융실명제의 김영삼, 외환위기 탈출과 남북 정상 회담 개최의 김대중, 탈권위주의와 과거 역사 청산의 노무현 등의 면면도 생각해 볼 수 있지 않겠는가.

오늘날 우리 국민은 불안하고 고달프다. 저임금의 비정규직, 빈손의 노후, 자녀 양육과 교육비 부담, 500만 명의 신빈곤층. 그런데 후보들 중에는 너무 많은 돈을 모았고, 조상 때부터 배고픔을 모르고 살아온 사람들이 있다. 그러므로 심각한 이웃 불행을 이해하지 못한다. 그리고 그들 부인과 가족도 마찬가지다. 덕도 양심도 찾아보기 어렵다. 누린 부와 명예와 권력을 위해 후보가 되었지 유권자를 위한, 국가의 미래를 위한, 그 어떤 것도 느껴볼 수가 없다. 대통령감과 국모國母될 자의 자질을 살펴볼 때는 더욱 슬프다. 희망이 노랗다. 그러나 한 가지 그래도 찍어야 한다. 큰 인물은 하늘이 낸다는 말은 곧 시대적 환경에서 민심天心이 판단해 붓 뚜껑으로 낸다는 말일 것이다.

참으로 이번에 뽑히는 대통령은 유권자의 눈물을 닦아 줄 그런 마음의 소양인이기를 바란다. 좀 못 살아도 좋으니 국왕과 국모답게 나라를 사랑으로 이끌어 먼 훗날 그 당시 쓰이는 화폐에 초상화가 새겨지는 인품의 인물이기를 바라는 마음 간절하다. 그러한 성품+도덕성+문화감각+국제정치 역량+통일의 비전+경제 활성화 등에 지력知力과 용력勇力과 덕을 겸비한 인물이기를 바란다. 한번 찍어주고 5년 욕할 사람은 절대 안 된다.

옆 사람 얼굴을 들여다보자

12월도 중순이 지나면 왠지 이 땅에 내린 철새 같다는 생각을 갖게 된다. 어디에서 날아와 어떤 이웃과 먹이를 찾고 물 따라 산 따라 바람같이 살다 가는가 하는 생각을 하게 된다. 더욱 무게가 실린 나이와 높아진 연령의 탑 앞에서는 가슴 밑바닥이 꺼져버린 듯한 전율이다.

섣달의 의미는 센티한 감각으로 다가온다. 계절은 눈 내리는 철이다. 바람은 심하게 불어오고 창문은 성애로 혹한의 무늬가 수놓아진다. 하늘과 땅이 겨울 철새 빛으로 변하기 쉽다. 바닷가 갯벌에는 흑두루미가 건정건정 거닐면서 조화를 이루는데 조금은 어두운 빛 세상이다. 그리고 왜인지 나 또한 한 마리 저 재두루미 같다는 생각을 품게 된다.

12월은 매듭을 짓는 달이다. 결산을 하고 반성을 하며 새로운 마음 밭을 정갈하게 준비하는 절기의 끝이다. 그럼으로써 나무는 나이테가 형성되고 동물은 이빨이 생기며 나이 든 사람에게는 주름살이 늘어난다. 마음의 뜰에는 자비심이란 영토가 불어난다. 겸손으로 허리가 꺾이고, 부족한 지혜와 과오로 얼굴이 붉어지는 순간이다.

"산다는 것은 속으로 조용히 울고 있는 것"이라고 신경림 시인은 〈갈대〉라는 시에서 읊조렸다.

> 언제부터 갈대는 속으로 / 조용히 울고 있었다. / 그런 어느 밤이었을 것이다. 갈대는 / 그의 온몸이 흔들리고 있는 것을 알았다. (중략) 산다는 것은 속으로 이렇게 / 조용히 울고 있는 것이란 것을 / 그는 몰랐다.

참으로 나는 몰랐다. 삶이 눈물이요 한숨이요 정한의 연속인 것을…. 그저 살면 살아지는 것으로 알았다. 학교에서 배운 대로 정직하고, 부모에게서 교육 받은 대로 성실하면 될 줄 알았다. 불공평과 민주주의는, 독재정부 아래서 청장년기를 보내면서 입버릇처럼 뇌까려왔지 그 깊은 속 진면목을 몰랐다. 그리고 갈대처럼 세풍에 흐느껴 왔다. 어느덧 생명의 헐벗은 나이는 귀도 순해지고 얌전해진다는 이순耳順의 길섶이다.

정해년丁亥年 초하룻날,

돼지 등으로 밀어올리는 / 금돼지 해 첫 태양 / 세상이 밝아지면 / 두 눈을 감자 / 가슴을 쓸어내리자 / 숨결을 고르자 / 고개를 숙이자 / 기도하는 두 손을 모으자. 라고 일기장 첫 머리에 새겼다. 그리고 ‘게으르지 말자, 언어의 씨를 생각해 고운 말을 쓰자, 술 취하지 말자.’라고 썼다.

옆에 잠들어 있는 아내의 얼굴을 본다. 한참을 들여다본다. 내 나이보다 몇 살 아래인데 여자 얼굴치고는 분 냄새도 못 맡은 것 같다. 헐거워진 피부는 주름살이 되어 목으로 내려앉고 가발을 써야 할 머리 숱이다. 옆방에서 주무시는 어머니는 팔순인데 아내나 어머니나 두 여인이 언제 이렇듯 지친 나이의 생명 길에 들어선 것인가 싶다. 함께 살아온 지난날이 주름살로 시계 태엽 감기듯 감겨 있다. 그동안 시장 제일주의 약육강식 속에서 아이들 교육과 생활인으로서 뿌리내리기 삶에 있어 소리 없는 총성의 경쟁을 살아야 했던가.

함께 살아온 1년이 더욱 고맙다. 어머니의 허리 굽은 걸음도 감사하다. 비정규직에서 정규직으로 옮아가 개성을 살려 일할 수 있는 아들의 노력도 고맙다. 두 손자를 돼지 해에 안겨 준 신의 은혜도 높다. 어찌 가족뿐이랴. 만나는 친구가 있었고, 웃으며 인사하는 이웃이 있고, 술잔 부딪치며 건강을 위하여! 하고 외쳐온 동무가 있었다. 그리고 마이산을 함께 오르며 국가의 미래를 고민한 교수님들이 있어 일 년의 삶을 살아올 수 있었겠지 싶다.

모두가 감사할 뿐이다. 이 순간 우리 모두 옆 사람을 바라보며 감사할 때인가도 싶다. 그리고 내년에도 변함없이 함께 하고 바라보면서 괴로워하고 위로하며 살아가야 할 것 같다. 오늘만이라도 산타의 가슴으로 옆 사람의 얼굴을 찬찬히 들여다보며 스스로의 가슴속 언어에 귀를 기울일 일이다.

인구시계탑과 지도자의 안목

박빙薄氷인생 참새 가슴들은 총 소리에 놀라고 쿠데타 소식에 몸 낮추며 직장 상사에게 쪽팔리면서 살아왔다. 처자식 기 한 번 살려주지 못한 채 겨우겨우 살아온 세월이었다. 그래도 줏대 있게 산다고 살아오면서 제 가슴에 비상경계를 늦추지 않아 잔 근심이 살이 되었다. 그리하여 쾌청한 날에도 내일 걱정을 하게 되고 건강해도 건강검진을 염려했다. 그것이 생활이 되고 사유의 습관이 된 것이다.

그런데 우리 역사를 들여다보면 재미있는 대목이 있다. 대통령과 사형 문제가 그렇다. 이승만은 고종을 퇴위시키고 의화군義和君을 왕으로 옹립하려는 쿠데타 음모에 가담한 혐의로 1899년 1월 체포되었다. 그리고 종신형을 선고받고 5년 7개월 복역하다 1904년 특별사면 되었다. 박정희는 1948년 남로당 활동혐의로 체포되었다.

김대중은 1980년 내란 음모 혐의로 신군부 군사재판에서 사형을 선고받았다. 퇴임 후에 사형수가 된 대통령은 전두환과 노태우이다. 이들은 김영삼 정부 시절 12 · 12 및 5 · 18사건과 비자금 문제로 기소되어 사형을 선고받았다. 건국 후 7명 대통령 중 윤보선 김영삼 노무현을 제외한 네 사람이 사형집행 위기를 경험한 셈이다. 대한민국 지도자가 되려면 목숨을 걸 정도로 신념에 충실해야 한다는 것과 자칫 피를 부르는 간 큰 사람이어야 한다는 메시지로 읽혀질까 안타깝다.

그리고 그들의 행적과 삶의 모습에서 국민들은 지쳐 있었고 교육은 불행했다. 교육이 불행하고 역사에서 배워서는 안 될 것만 보고 자란 청년들 가슴에 흐르는 사유의 강은 어떤 빛일까. 홍수 속에서는 마실 물이 부족하다고 했다. 아니 없다고 했다. 그러다 보니 원로가 없고 존경받는 스승이 없다. 훌륭한 원로나 교육자는 30여 년에 걸친 군사문화가 데려다 적당한 감투를 씌워서 속된 인물로 전락시켜 함께 가는 흙탕물이 되게 했다. 청 · 백자같이 고매한 그릇은 제자리에서 고요하고 은은하게 빛나지만 외부의 충격에 쉽게 깨어지는 단점이 있다.

나는 박정희 씨가 통치하던 시절 청장년 시대를 보냈다. 그래서 그 시절의 추억과 회한이 일생을 갈 것 같다. 정사를 펼 때는 눈앞의 이익도 생각해야 하겠지만, 거시적으로 만 리萬里를 내다보고 따져서 결정해야 한다. 단견과 졸속은 오늘의 불행을 미래로 향한 더 큰 불행과 고통으로 이어지게 할 뿐이다. 내 임기 안에는 그럭저럭 넘어가면 되고 다음 정부 때는 내 알 바 아니라는 생각의 지도자는 역사 공부가 안 된 사람이다.

1970년대, 인구가 늘어나고 먹을 것이 부족하니 국민 계몽 방송에서 "아들딸 구별 말고 둘만 낳아 잘 기르자."는 구호를 귀에 옹이가 박히게 들려주었다. 1983년에는 인구가 4,000만 명을 넘어서자 구호는 한층 거세졌다. "하나만 낳아도 초만원 · 핵폭발보다 무서운 인구폭발"과 같은 협박성 구호가 귓전을 때렸다. 그리고 인구시계탑이 세워졌다. 전주 코아백화점 앞에도 섰다. 공공건물 안에는 콘돔 자판기가 빨간 고추 그림과 함께 설치되었다. 정관수술을 하면 예비군 훈련을 면제시켜 주었다. 그리고 그 수술을 받은 사람을 '씨 없는 수박 인생'이라고 놀렸다.

20년이 지난 오늘날은 어떤가. 출생율 세계 최저 기록을 세웠다고 반대 비명이다. 2050년에는 노인 인구 비율이 세계 최고라고 한다. 자녀 한 명 기르는 데 돈이 몇 억이 들고, 가르쳐 놓으면 외국으로 건너가고 아니면 장모 사위가 된다고 한다. 더 큰 인물은 국가의 동량이 되고 재벌과 정치인 그늘에서 연애나 하다 감옥을 가기도 한다. 모든 게 돈으로 계산되는 자본주의 국가요 시장제일주의 나라가 되었다. 효도도 양육비도 모두 돈이 앞선다. 부모는 안 보이고 부모 유산만 보이는 세상이다. 그런데 그것을 알면서도 당장만 생각했던 과거의 정부였던가. 20년 10년 앞을 못 내다보고 인구시계탑을 세웠던 나라이다.

금년에 태어난 아이들이 18년 뒤 대학 입학 정원이 된다. 그런데 그것을 몰라서 그동안 대학을 그만큼 늘려놓고 이제와 대학에 학생 수가 모자란다고 야단이다. 3개월 전, 봄에는 대통령직 인수위원회

사람들만 신바람난 세상 같았다. 경제가 춤을 추고 국토 대운하의 유람선 속에서는 장구 소리가 들리는 것 같았다. 그런데 지금은 그 열정도 부지런함도 많이 수그러든 느낌이다. 벌써 지쳐서 전 대통령같이 밀짚모자 쓰고 사는 게 낫겠다고 생각하는 것은 아닌지 모르겠다. 새 정부의 앞날을 빈다. 그리고 책임자의 눈 평수 넓은 안목을 주시하고 싶다.

지방의 봄을 위하여

모래내에서 버스를 타려고 승강장으로 갔다. 어둠은 내린 지 오래고 날씨는 쌀쌀했다. 귀가 버스를 확인하려고 안내판으로 다가갔다. 그런데 그 순간 그곳에는 젊은 남녀가 껴안고 힘들어 하고 있었다. 나는 돌아서면서 속으로 '남자 친구가 군에 입대하는가, 아니면 취직시험에 실패한 것인가!'하는 생각을 갖게 되었다.

버스가 도착해 자리에 앉았다. 껴안고 있던 아가씨도 뒤따라 승차했다. 예쁘고 탄력 있는 얼굴이었다. 그녀는 역전을 눈앞에 두고 내렸다. 당당하게 걸어가는 뒷모습은 자신감이요 윤기 있는 머릿결은 젊음의 시대적 상징이었다.

그날 우리는 정년한 친구 셋이 모래내에 있는 만덕집에서 만났다. 맑은 술을 마시며 오랜만의 흉금을 털어놓았다. 그러던 중 집안

간 아우가 남원시에서 근무하다 전주로 입성했다는 이야기가 나왔다. 그리고 그 아우가 취업할 때 도움을 준 친구에게 전화 한 통 없었다는 이야기기를 듣게 되었다. 한동안 미안감에 속 얼굴이 뜨거웠다. 아쉬우면 꼬리치고 합장하고, 살만 하면 모르쇠하는 배덕背德행위를 싫어하는 성깔이기에 더욱 가슴 무거웠다.

친구들은 아들 손자 이야기 끝에, 서울의 7개 대학이 어느 어느 대학이냐고 물어오기도 했다. 자기 아들이 대기업에 근무하면서 체험한 지방대학생의 아픔을 들려주기도 했다. 살아오면서 보면, 지방에 있는 학생이나 일반인이 유리한 것은 자연 조건뿐인가 싶다. 서울 사람은 아파트 한 채만 팔면 지방에 내려와 떵떵거릴 정도가 된다. 서울 학생들은 일찍이 영어를 마스터하고 다른 과목에 집중한단다. 그런데 지방 학생은 시험 보러 가는 아침까지도 영어 공부에 매달린다고도 한다.

지방에 거주하고 있으면 정보가 뒤진다. 경쟁의식도 둔해진다. 농경문화에서 빠져나오지 못해 그런지 매우 정적이다. 적당히 어울려 안주하기 쉽다. 치열함과 비장함, 그리고 엄격한 자기 관리에서 쉽게 느슨해지는 경우도 있다. 긍정적인 면에 치우쳐 자기 매너리즘에 젖기도 한다.

전주대학교에 근무할 때다. 새로 부임한 총장이 앞으로의 신입생 부족 사태를 우려했다. 그 때 곁에 있던 어느 교수의 말이다. "총장님 우리 대학은 기독교 이념을 목표로 한 대학이기에 목사님들이 한 명의 학생만 보내줘도 입학 정원은 찰 것입니다."라고 말했다는 말을 전해 들었다. 그 때 나는 되받았다. 목사님 아들이 서울의 연

세대학교 신과대학에 갈 실력인데 굳이 고집 세워 전주대학교를 보내겠느냐고. 무슨 사안이든 일찍 깨닫고 꿰뚫어 보는 힘이 지혜요 안목이며 미래적인 혜안이다.

김시습은 세 살 때 시를 짓고, 다섯 살에 ≪중용≫과 ≪대학≫에 능통해 그의 별명이 김오세金五歲였다. 그리고 그는 다섯 살 때, 할아버지의 무릎에 앉아 마당에 핀 봄 꽃을 보고 할아버지가 농담삼아 시를 지어보라고 하니, '복사꽃 붉고 버들 푸르러 삼월도 저물었는데 / 푸른 바늘에 구슬을 꿰었는지 솔잎에 이슬 맺혔구나(桃紅柳綠三月暮 珠貫靑針松葉露)'라는 한시를 지어냈다. 철학 있는 군주 정조도 어려서부터 반드시 일과를 정해 놓고 글을 읽었다고 한다. 병이 났을 때를 제외하고는, 그리고 임금이 된 뒤에도 폐지한 적이 없었다고 일득록日得錄에 적혀 있다.

내 이웃에는 정년한 친구와 유사 실업자가 더러 있다. 전업 작가도 많다. 통계청 자료에 따르면 지난 해 비경제활동 인구가 1,495만여 명으로 나타났다. 이 고장 전주는 참으로 일자리가 귀하고 드물다. 있다 해도 자수성가한 분들의 의식이 만만치 않아 젊은 세대들의 희생이 그들의 요구를 따르지 못한다. 그러다보니 인상이 펴지지 않은 이들이 있고 우울해 하는 젊은 표정을 쉽게 만나게 된다.

오늘은 입춘立春이다. 뜨락에 아파트 화단에 대문 앞에, 봄의 여신春信이 와 서 있다. 전북의 모든 젊은이들에게 일자리가 주어질 것이라고. 그리고 우리 고장 사람들 가정에 가슴속에 화신이 내려앉아 고장의 봄이 활짝 필 것이라고 속삭이고 있다. 더욱 내일 모레면 설이 아닌가.

제1호 국보도 지키지 못하는 나라에 살면서

손자 보기 부끄럽게 되었다. 조상 뵙기에 참담하고 처참한 입장이 되었다. 흰 갓이라도 써야할까, 국상國喪을 당한 마음이 이런 것일까. 인생 칠십이면 후손들에게 칠순잔치의 술 대접을 받을 나이다. 그런데 그런 손으로 숭례문에 불을 놓아 조상의 얼과 한국인의 혼을 깡그리 태워버렸다. 코리아의 얼굴이요 서울의 상징이며 고건축의 으뜸인 숭례문은 그렇게 우리 손으로 불을 놓아 없앴다.

남대문이 다섯 시간 동안 불에 타고 있을 때 많은 사람들은 눈물을 흘리며 불 고문에 시달려야 했다. 자신의 몸을 태우는 듯 처참하고 처연한 심정이었다. 행정부 책임이다. 정부의 행정에 불만을 품은 노인의 재범 행위의 결과가 아니던가.

조선시대 사색당쟁에도 흔들림 없었고 임진왜란과 6·25전쟁에서도 큰 탈 없어 600살이 넘은 숭례문이요 국민의 자존심 1호를 제 손으로 일부러 불을 내 없애버렸다. 숭례문은 태조 7년에 완성하였다. 그리고 세종대왕 때 한글을 만들어 반포하신 2년 뒤 크게 고쳐 지은 건물이다. 민족의 자존을 지니고 필요한 곳에 당당히 거하며 예의를 숭앙하도록 하는 경전 같은 조선의 건물이었다.

세종실록을 보면, 무려 7년 동안 혹독한 가뭄에 시달리는 대목이 나온다. 그 때 임금 세종은 지금의 광화문 거리에 가마솥을 걸게 하고 죽을 끓여 백성들을 먹이게 한다. 배고파 허덕이는 백성들의 참상을 지켜보다가 경복궁으로 돌아온 세종은, 경회루 동쪽에 버려둔 재목으로 별실 두 칸을 짓게 한다. 단 기둥을 세우지 말고 띠로 덮게 하고 아무런 장식을 하지 않도록 한다. 그리고 그곳에서 지냈다. 백성들이 끼니를 이어가지 못하는데 어찌 임금이 호화로운 침전에서 편한 잠을 잘 수 있겠느냐는 것이 청년 임금 세종의 마음이요 덕성이었다.

새빨간 불길이 숭례문을 집어삼켜버린 뒤 그 시커먼 잔해 앞에서 비참한 눈물을 흘리는 학생들이 많았다. 그랬는데도 누구 한 사람 제 잘못과 부덕을 말하는 자 없었다. 사과도 반성도 없다. 무엇 때문에 엄청난 세금을 내서 권력을 쥐어 주고 조직을 부리는 자유를 주며 봉급을 주는지 알 수 없다. 노무현 정부는 임기 말이라고 시간 보내고, 이명박 대통령 당선자는 며칠 뒤 정권 인수에만 마음이 가 있다. 그리고 국민의 성금으로 재건축하자는 말이나 하고 있다. 돈이 많은 당선자이니 자기 재산으로 짓는다면 누가 뭐라 하겠는가. 그러나 성금은 무슨 성금이야 국민이 봉인가. 아니 금반지 내놓으라는 대통령 닮아 가는가 하는 국민의 심사를 읽고 있는지 모르겠다.

전주 풍남문이며 경기전과 객사는 안녕한가? 이명박 전 서울시장이 숭례문을 개방하여 국민의 품으로 돌려주겠다고 북을 치며 신바람을 내더니 결국은 개방이 방임이 되고 방치가 되어 오세훈 시장 때 불 질러진 꼴이 되었다. 경기전은 현 도지사가 전주시장으로 재임 당시 무료 개방을 했다. 덕택으로 지나가는 걸인들과 부랑아浮浪兒들의 놀이터가 되었다. 해설가는 있어도 관리자는 없다. 주인 없는 빈 집에 임금의 초상화를 모시고 있는 꼴이다. 어느 서예관은 시비로 일당을 지급하는 해설사가 있다. 관리자도 몇 사람 있다. 그런데 숭례문이나 경기전은 개방이란 이름으로 공익요원 한 사람 없이 난장판이 되더니 끝내 숭례문은 불 맛을 보고 말았다.

노무현 대통령과 유홍준 문화재청장 시절은 문화재 수난기였다. 2005년 4월 5일 강원도 산불로 낙산사를 태우기 시작, 2006년 4월 26일에는 창경궁 문정전 일부를, 그해 5월 1일에는 수원 화성 서장대를 그리고 숭례문마저 태워버리고 말았다. 소방당국의 불 끄는 모습도 가관이다. 건물 안에서 불이 났는데 숭례문의 기와지붕에만 물을 뿌리고 있었다. 킹콩 앞에서 물총 노름하는 격이었다.

국정 관리를 잘 했는지 못 했는지는 둘째 문제다. 그러나 덕이 모자란 것은 분명해졌다. 많은 사람들이 선거와 경제와 영어에만 매달려 있었다. 경망스럽고 덕스럽지 못했다. 그리하여 조상과 예의를 숭앙하라는 숭례문은 스스로를 불태워 잘난 척하는 지도자와 국민들에게 경종을 울렸을 법하다. 역사는 그렇게 관련자들의 명단과 함께 기록될 것이다.

가인街人연수관과 순창 문화의 미래

초대 대법원장을 지낸 가인 김병로 선생을 기념하는 사법연수원을 그의 생가 터 부근(복흥면 답동리)에 세우게 되었다(전북매일신문 2008.01.11)는 소식이다. 그리고 이 연수원은 충남 아래 지역 사법부 산하 직원들의 연수를 담당할 것이라고 한다. 초대 및 2대 대법원장을 역임한 순창 출신 가인 김병로 선생을 기념하면서 올바른 법조인 양성을 꾀하고자 하는 것이 사업 목적이라고도 한다. 그리하여 순창군에서는 이 사업을 위해 2006년부터 프로젝트 팀을 구성, 강인형 군수부터 앞장서 문화관광부 · 대법원 · 기획예산처 등 관련 부서를 수없이 오가며 국비 확보를 위한 노력의 결과라고 했다. 다행스런 일이다. 이 사업은 순창군이 아니고 전라북도가 추진한다 해도 좋을 사업이요 당위성이 있기 때문이다.

순창군에서 펴낸 ≪가인 김병로金炳魯(1887~1963)선생≫이란 책을 보면, 그분은 1887년 12월 15일(음) 순창군 복흥면 하리에서 1남 2녀 중 둘째로 태어난다. 그리고 유년 시절 조모가 세운 독서당에서 소학에 이어 사서四書를 독파하고, 10세 때에는 당대 성리학의 최고봉인 전우田愚 선생 문하에서 수학한다. 그 뒤 일신학교에서 신학문을 접하고 창평의 장흥학교 속성과에서 공부한 뒤, 22세 때 일본 동경으로 유학해 1912년 3월 명치대학 법학과에 편입한다. 이어서 1914년에는 재 도쿄 조선인 유학 학우회 기관지 ≪학지광學之光≫ 창간호부터 편집을 맡아 활동한다.

그 뒤 3·1운동을 계기로 밀양지방법원 판사가 된다. 그러나 1년도 못 되어 판사를 내던지고 독립운동의 편에 서서 민권변호사로 활약, 법정을 통한 민주주의의 사상 고취에 힘쓴다. 이런 과정에서 가인은 도산 안창호, 유진태, 한용운 등을 만나게 되고 일본의 패망을 예측하고 독립국가의 기반을 고민하게 된다. 그리고 독립 후에는 이승만 대통령과 맞장을 뜨면서 사법부의 고유 권한과 민주주의의 큰 틀을 지켜나갔다.

그랬는데 김병로 선생으로 하여 순창 사람들은 한때나마 강원도 감자바우라는 말을 듣게 된다. 그분이 1960년 7월 29일 5대 국회의원 선거에 순창에서 출마해, 군 법무관 출신 홍영기 후보에게 떨어진 것이다. 당시 세상 사람들은 서울 어디에서 나와도 당선될 훌륭한 분을 고향 순창 사람들이 몰라 본 것이라고 했다. 가인은 그 당시 고향 떠난 지 50년이요 80에 가까운 고령이었다. 몸이 불편해 강단에 오를 때도 부축을 해야 했고 목소리에도 힘이 실리지 못했다. 그러나 홍영기 후보는 젊고 패기에 차 있었다. 그리고 두 번 떨어진 경력이 있어 그때 한 번 더 떨어지면 다시는 입후보 할 수 없는 법적 인간적 한계에 이르러 있었다. 그때의 순창 선거인들은 냉정한 가슴으로 실질적으로 일할 수 있는 후보에게 표를 준 것이다. 감자바우라는 오명은 이제 지워져야 할 것이고 사법연수원은 조감도처럼 든든하게 건립되어야 한다는 것이 시대적 요청이요 문화적 흐름이다.

장수에는 논개 사당이 있고 남원에는 춘향이로 인한 광한루가 있다. 무주에는 라제통문 앞에 김환태 시비가 있고 부안에는 매창공원이 있다. 고창에는 미당의 시비가 있고 군산에는 최만식 문학관이 있다. 경남 통영시 정량동 863－1에는 청마문학관이 있어 군청 직원이 출퇴근하며 관리하고 있다. 통영우체국 앞 빨간 우체통 옆에는 〈행복〉이란 유치환 씨의 시가 펼쳐 논 책 모양의 돌비에 새겨져 있다. 농협과 열쇠집 옆에는 통영 출신 작곡가 윤이상(1917~1995)의 거리도 있다.

이제 순창에는 가인의 사법연수원이 있다고 말할 수 있을 것이다. 독일 남서부 바바리아 지방 '로텐부르크'라는 마을에서는 해마다 '모차르트 음악제'가 열리고 있다. 그런데 사실 이 마을은 모차르트가 여행하면서 잠시 들러 말을 교체하는 동안 커피 한 잔 마시고 떠난 인연밖에 없다고 한다. 문화도 나무같이 숲같이 가꾸어야 복이 되고 경제가 된다. '국민은 그들의 수준에 걸맞는 정부를 가진다.'는 말이 있다. '군민은 그들의 수준에 맞는 행정의 혜택을 받을 수밖에 없다.'는 말과도 통할 것이다. 순창을 비롯한 전북의 모든 고장이 문화적으로 역사적으로 선조들의 업을 챙기고 기려나갈 때 삶은 따뜻해질 것이다.

영어와 판소리

중앙일보는 지난 1월 28일 신문 1면 머리글자를 작대기만 하게 크게 썼다. "영어 잘 하면 군대 안 간다."라고. 그 무렵 다른 신문도 영어 교육에 대한 이명박 대통령의 말로 지면이 넘쳤다. '고등학교만 졸업해도 생활영어를 할 수 있게 한다.' 든가, '2010년부터는 모든 고등학교에서 영어 수업을 영어로 할 수 있게 하겠다.'고 밝히기도 했다. 영어 과외 안 받아도 대학 갈 수 있게 하고 외국으로 공부하러 떠나지 않아도 되게 교육정책을 펴나가겠다는 뜻이었다.

그런데 영어! 영어! 하니까 그 당시 대통령직 인수위가 미국의 군정청 주무자들인가 하는 인상을 주는가 싶어 안타까웠다. 영어만 잘 해도 군대 안 간다면 그동안 대통령 후보로 나왔다 자기 아들 군대 안 갔다고 표를 빼앗긴 모 후보 부자는 얼마나 억울하겠는가. 또한 억지로 군에 입대한 연예인들 체육인들의 심정은 어떠하겠는가. 뿐인가. 재벌의 자식들은 돈 걱정 없이 외국으로 건너가 영어만 배워오면 천하에 무서울 게 없는 나라꼴이 될 것 아닌가.

이승만 전 대통령은 1895년 21세 때 영어를 배우려는 야심을 품고 배재학당에 입학한다. 영어는 관직에 나갈 수 있는 새로운 무기였기 때문이다. 그는 영어를 빨리 배워 6개월 만에 배재학당 영어 교사가 된다. 그리고 미국에 유학하고 미국서 독립운동을 해서 미국 인맥이 정치적 자산이 되어 영어 권력을 등에 업고 초대 대통령이 된다. 김구를 따돌린 가장 큰 이유였다. 그러나 그는 오랜 미국 생활로 우리말이 어눌했다. 국어를 제대로 쓸 줄 몰랐다. 그 당시 이기붕의 아내 박마리아 여사도 그의 영어 실력으로 남편을 부통령까지 끌어올린 사람이다.

지금은 다르다. 우리나라의 민주주의 척도도 높아졌다. 국제적으로 잘사는 나라의 순위로도 곧 10위권이 된다. 아니 잘사는 나라 군群에 속해 있다. 영어를 공용어로 삼는 나라 중 영어를 잘하는 나라는 잘 산다. 그러므로 한국인 모두가 영어를 잘하도록 하자고 이명박 대통령은 말한 바 있다. 그렇다면 그런 나라가 어느 나라인가. 필리핀인가 인도인가 파키스탄인가 케냐인가 우간다인가. 오히려 그런 나라와 문명이 뒤진 나라에 배우기 쉽고 쓰기 편리한 한글을 가르쳐야 한다는 세계 언어학자들의 의견이 나오고 있지 않은가.

세종대왕에게 감사할 줄 모르는 한국인은 없을 것이다. 그분이 만든 한글은 영어 알파벳보다 작은 받침으로 글자를 만들고 언어를 풀어낼 수 있다. 그러므로 정보화시대에 컴퓨터 자판 두드리기 편리하고 속도가 붙어 세계 최고의 문자라고 한다. 영어 이야기가 나오면 일본의 식민지시대 한글을 지키기 위해 감옥에 가 고생한 한글 학자들의 생각이 떠올라 죄스런 감정이 앞선다. 제 나라 글을 못 지키고 천대하는 민족이 강한 국민으로 살아남은 예는 없다.

나는 춘향전이 쓰여지고 판소리 고장으로 이름 높은 전라도에 태어났음을 다행스럽게 생각한다. 그러면서 과연 영어로 판소리를 할 수 있을까 하는 의문이 든다. 다른 것은 몰라도 판소리 하나만은 전북의 전주에 와서 장원을 해야 행세할 수 있다. 그런 면에서도 우리의 국어는 위대하고 전라도의 사투리는 영원할 것이다.

서방산을 오르려고 용진면 구억리를 지날 때면, 권삼득 선생이 생각난다. 양반 출신의 소리꾼(비가비)으로 문중 어른들이 모여 그를 멍석말이 하여 죽이기로 결정했을 당시다. 그는 어른들에게 수많은 사람들은 울리고 웃겼으나 짐승은 한 번도 그렇게 해보지 않았으니 마지막으로 짐승도 한번 웃겨보고 죽고 싶다고 한다. 승낙을 받은 그는 황소 앞에서 혼신의 힘을 다해 소리를 한다. 드디어 황소가 웃기 시작했다. 문중 어른들은 짐승마저 웃기는 재주가 아깝다하여 살려준다. 그 후 누군가가 그에게 황소를 웃게 할 수 있는 비법을 묻는다. 그는 답한다. 소리할 때 쓰는 부채에다 미리 암소의 오줌을 묻혀 두었다가 소리가 무르익을 즈음 부채를 살짝 펴 황소 코끝에다 대고 부채질을 하니 황소가 암소의 오줌냄새를 맡고 웃는 것이라고－. 이만한 기지와 재치와 유머 감각이 녹아들어 있는 게 판소리의 무대요 소리꾼의 가슴 결이다. 영어는 할 사람이 하되 한국인이어야 한다. 그리고 대통령은 영어를 잘 해도 통역을 두고 우리말을 사용함으로써 자신의 품위를 더욱 높여나가야 한다.

세상을 읽자 신문을 펼치자

맥 풀린 선거도 끝났다. 동물원 벚꽃축제의 개장도 끝났다. 봄도 어지간히 깊어졌다. 지난 7일은 신문의 날이었고 9일은 선거가 있었다. 모두 역사 속으로 사라져가는 일이 되고 말았다. 이제는 맨 정신으로 돌아와 스스로를 찾아나서 추스르고 생업에 근면할 때다.

전북에는 신문사가 많다. 열 개 회사가 넘는다. 부산보다 많고 광주보다 많은 회사가 존재한다. 그만큼 독자들이 알 권리로 행복한지 모를 일이다. 분명한 것은 타 지역보다 신문사는 많은데 인구며 소득은 훨씬 뒤지고 있다는 점이다. 산업과 생산기지 역시 못 미치는 안타까움 속에 있다. 역으로 말한다면 살기가 어려우니 그런 이상한 현상이 현실로 나타났다고 할 수 있다.

민간 신문들의 창간을 자료를 통해서 보면, 1898년 4월 9일 국내 최초의 일간지로 '매일신문'이 창간되었다. 이 신문은 배재학당 학생들이 1898년 1월 1일부터 주간으로 발행하던 〈협성회보〉의 이름을 바꾸어 일간으로 재창간한 것이다. 이어서 1898년 8월 10일 〈제국신문帝國新聞〉이 창간되고, 1898년 9월 5일 〈황성신문皇城新聞〉이 창간되었다. 새로이 창간된 신문들은 대부분 독립협회 세력이 주축이 되었다. 독립협회 활동에 참여하는 다양한 계층을 각기 대변하는 양상이었다. 그리고 매일신문 · 제국신문은 순한글을, 황성신문은 국한문 혼용체를 사용하여 개신유학적인 전통을 대변하는 특성을 보여주었다. 신문을 통하여 제국주의 열강의 침략상을 폭로하고 이를 민중들에게 알려 여론의 힘으로 침략을 저지하려는 목적을 기본으로 삼았다.

민간신문의 이러한 보도 태도는 급기야 필화사건으로 이어졌다. 1900년 8월 8일 〈황성신문〉은 잡보난이라는 오늘날의 사회면에 일본 신문을 인용하여 주한 러시아 공사가 일본 공사에게 한반도를 나누어 점유할 것을 제의했으나 일본이 거절했다고 보도하였다. 이 기사로 인해 〈황성신문〉 사장 남궁억 씨가 8월 9일 구금되는 일이 벌어지고만 것이다.

근대 신문들은 다양하게 발전했다. 상업 광고와 돈줄을 쥔 자들과의 뜻 맞춤으로 인한 언론재벌이 되었다. 과연 우리는 초창기 신문들의 정신을 알고 있는가. 주권을 지키고 독립을 생각하는 바른 의식과 행동하는 용기의 펜인가 되챙겨 볼 일이다. 신문협회가 신문의 날을 맞이하여 3,375명의 독자를 통해 신뢰도를 조사했다. 신뢰성 71.4% 심층성 79.3% 유익성 80.6% 정확성 68.7% 기사열독률 33.6%로 나타났다. 2006년 조사 때보다 신뢰도가 크게 높아졌다고 한다. 그런데 기사열독률은 30% 선에 머물고 있다. 24시간 과외를 받고 영어 공부를 죽어라고 해야 하고 취직시험을 대비해야 하는 학생들의 마음이야 읽고 싶어도 마음의 여유를 찾지 못할 것이다. 이 시점에서 한 가지 예를 들려 주고 싶은 게 있다.

미국 최고 학생 12인에 뽑힌 한인 2세 이형진 군의 이야기다. 예일대학에 입학한 이 군은 어머니의 독려로 신문 5~6개를 집안 곳곳에 펼쳐 놓고 읽었다고 한다. 읽는 재미는 쓰는 능력으로 이어져 고교 시절 교내 신문과 지역 신문의 고정 칼럼리스트로 활동했다. 그 덕분에 미국 최고 학생에 뽑히고 명문대학에 진학하게 된 것이다. 신문은 중요한 몇 가지만을 똑같이 뉴스 시간에 전하는 TV와는 다르다. 신문은 우리가 살아가는 이 시대와 이 세상의 흐름을 따라가는 척후병과 같다. 신문을 읽지 않는다면 시대와 역사의 현장에 나설 수가 없다. 신문은 과거를 성찰하고 현재를 진단하여 미래를 전망하고 예언하는 시대의 발언자이어야 한다.

그런 면에서 우리의 신문이 수필이 되고 시가 되었으면 한다. 경제성장보다 인간 성숙에 기여하고 경제 활성화보다 인간화에 보탬이 되며 계급 간 대립보다 약자의 눈물에 더 많은 지면 할애와 창의적인 노력이 있어야겠다는 생각이다. 신문이 자장면 그릇 보자기 노릇하는 것보다는 그 신문을 차곡차곡 모아 두고 오려서 밑줄 그어가며 공부하는, 마음으로 읽는 신문이 되고 필자가 되어야 할 것을 생각해 본다. 신문이 도덕의 옷이 되고 감동의 옷이 되며, 독자의 창의력을 높이는 수단이 되었으면 좋겠다. 그런 신문사의 환경이 되고 직원들의 혜택 또한 커졌으면 좋겠다.

조국을 떠난 애국자들

우리나라 사람은 식사할 때 한 손으로 숟가락과 젓가락질을 한다. 하지만 서양 사람들은 한 손에 포크 한 손에는 나이프를 들고 식사를 한다. 그러므로 프랑스 학자 롤랑 바르트는 양 손으로 밥을 먹는 서양 사람을 고양이에, 젓가락을 쥔 손으로만 밥을 먹는 우리나라 사람을 먹이를 쪼아 먹는 새에 견준 바 있다.

포크와 나이프로 찢어 먹는 것과 쪼아 먹는 식사법은 생각의 차이와 생활의 의미를 다르게 할 수 있다. 그래서인지 한국인은 손재주가 뛰어나다. 그만큼 두뇌 회전도 빠르다. 그리고 동작 하나 하나가 섬세하고 주의 깊다. 젓가락으로 콩알을 집어 먹는 한국인의 손재주만이 줄기세포를 만드는 근본 기술이라고 자랑한 때도 있었을 만큼.

음식을 보면 우리 한식은 한입에 들어갈 수 있도록 차려지지만 서양 음식은 커다란 고깃덩어리로 나와 칼을 쓰지 않고는 한입에 먹을 수 없다. 결국 우리 민족은 음식을 만드는 주방일부터가 자상하고 섬세한 손 끝 문화와 정성이 밑받침되고 있다. 그리고 그 면이 동양인의 정적 생활문화와 연결된다는 것이다. 따라서 우리는 손을 귀하게 여겼고 항시 정갈하게 했다. 그러므로 양반은 소변을 볼 때도 젓가락으로 받쳐 일을 본다는 우스운 소리까지 생겼다. 젓가락은 짝을 이뤄야 한다. 한 개로는 쓸 수 없다. 그래서 상호 의존성과 호혜정신과 이웃사촌 문화가 중시되었다는 생각이다. 그런데 포크와 나이프는 개체 분리 정신의 소산으로 지나친 개성주의 즉 너는 너, 나는 나의 일만을 고집하게 되는 것 아닌가 싶다.

지난 해 정초에 신문 기사가 났었고 얼마 전에는 국무총리가 말했다. 많은 청년들을 해외에 내보내 공부하고 봉사하게 함으로써 국가의 이미지도 높이고 한국 젊은이들의 세계적인 안목을 키워 큰 인재로 양성하겠다고. 그 당시 서울 모 신문사에서 기사로 뽑은 내용은 "IT청년단 1만 명 양성해 세계로"였다. 내용을 보니, "지난 해 말경 몽골 다르항 시의 한 국립대학에서 키보드작업에 열중하던 졸자야(19세, 여)는 '한국인 선생님한데 컴퓨터를 열심히 배워 어린 아이들을 가르치고 싶다.'고 했다."는 것이다. 그리고 그 학생을 가르친 사람은 한국 IT봉사단의 전상미(28세, 여)라고 소개되었다.

따라서 신문에서는 컴퓨터 · 외국어에 능하고 패기 있는 젊은 인재들이 해외로 나가 "IT코리아"의 꿈을 지구촌 곳곳에 심도록 해야 한다는 목소리가 사회 각계에서 움트고 있다고 했다. 그리고 이미 해외로 나간 연간 1,000여 명의 청년들이 이미 그 가능성을 열어 놓고 있다고 했다. 그리하여 'IT청년단은 한국의 첨단 기술과 나눔 문화를 지구촌 곳곳에 전파하는 디지털 유목민'이 될 것이라고 점쳤다.

그 길은 청년 실업 해소의 좋은 길이 될 것이다. IT강국 이미지 홍보요원의 길이 될 것이다. 그리고 장기적 경제 협력 네트워크 구축 등 동양 문화의 따뜻한 마음까지 전해진다면 현대판 비단길이 될 것이다. 대기업과 대한상공회의소에서도 적극 지원하며 병역 혜택 문제도 논의된다니 다행스러운 일이다.

산에서 길을 잃으면 계곡을 따라 내려와야 한다. 앞이 막히면 돌아가든 밧줄을 타고 올라가야 한다. 땅 끝에 서면 배를 구할 생각을 해야지 하늘만 우러러보고 조상 탓만 한다고 될 일이 아니다. 길이 보이면 먼저 달려야 한다. 이 고장 젊은이들에게 도움이 되는 정보가 되었으면 좋겠다.

참고로 이 나라의 경제 성장이 오늘에 이르기까지에는 해방 이후 농촌 여성들이 그 긴 머리를 용기 있게 잘라 팔았기 때문이다. 그 머리로 가발을 만들어 외화를 벌어들였다. 젊은 사람은 독일로 날아가서 광부가 되었고 남의 땅 간호사가 되어 코피를 쏟았다. 해외의 여러 나라로 가서 태권도를 가르친 사범들의 피눈물 나는 개척 의지가 있었다. 이분들이야말로 조국을 떠난 애국자들이었다. 10년 앞을 내다보는 청년에게 미래의 길은 열려 있다. 삶의 열쇠 말(Key word)도 거기에 있을 것이다.

이소연 씨와 정읍에서 만든 우주식품

우리나라는 36번째로 우주인을 배출했다. 그 우주인 이소연 씨는 우주에 12일간 있다 귀환했다. 귀환해서 그는 '우주에서 본 한반도는 하나였다.'고 했다. 귀환 캡슐은 지구 대기권 진입을 위해 최고 시속 828km, 표면 온도 최고 섭씨 2,000도까지 올라가는 고온을 견디며 지구로 떨어졌다.

한때는 중국을 거쳐 백두산을 다녀온 것이 자랑거리였다. 그리고 금강산과 개성 등, 고위층과 재벌들의 해외여행이 부러움을 샀다. 그런 순간에도 우리 젊은이들은 피나게 공부했다. 엄청난 도전의 벽을 뛰어넘었다. 남의 나라에 가서 기술을 배우고 눈동냥하고 남의 기술자 등에 업혀 이제야 겨우 우주에 다녀왔다. 그래도 그녀가 자랑스럽다. 그녀 후배들에게 그 누구보다 떳떳한 선배가 된 점이

다행스럽다. 이소연 씨 어머니는 우주선 발사 전 딸에게 응원편지를 보냈는데, 태어나기 전부터 '샛별'이란 태내 이름을 지어줘서 우주인이 됐나 보다고 했다.

이소연 씨는 4월 12일 우주에서 '우주인의 날'을 맞이하여 러시아 미국 우주인 5명을 초대해 10가지 한국 우주식품으로 만찬을 베풀었다. 원터치 캔으로 포장된 우주 김치와 동결 건조한 우주 밥, 고추장, 복음김치 등이었다. 우리가 만든 음식으로 우주의 만찬을 뿌듯하게 했다고 한다. 전북 정읍시 신정동 방사선과학연구소 식품생명공학 팀은 이소연 씨가 우주로 가져가 임무를 수행하는 동안 먹어야 할 우주식품을 개발해냈다. 그동안 우주식품은 미국과 러시아의 전유물이었다. 국내에서는 관련 자료가 전혀 없는 상태였다. 그런데 선진국에서는 털끝만한 정보라도 '특급비밀'로 분류해 철저히 관리했다고 한다.

'정읍 방사선과학연구소(소장 변명우)가 우주식품 개발에 나선 것은 2003년이었다. 방사선과 식품공학기술을 통합한 우주식품 개발은 식품 선진국으로 가는 지름길이라는 것을 알고 시작했다고 한다. 그리고 석 · 박사급 연구원 10여 명이 5년 가까이 우주식품 개발에 전념한 것이다. 김치를 담아 발효시키고, 방사선을 쐬고, 포장하는 작업을 수백 차례 반복했다. 멸균상태와 맛의 변화를 시간 별로 체크하느라 숱한 밤을 뜬눈으로 지새웠다. 라면은 우주에서 낼 수 있는 최고 온도 70도에서 익히는 방법을 개발해야 했다.

무중력을 견디면서 우주까지 음식을 운반할 수 있는 특수 용기와 포장재 개발도 힘든 과정이었다. 미국 · 러시아에서 이것들을 전략

물자로 지정해 반출을 철저히 금지했기 때문이다. 연구원들은 릴레이 해외 출장을 다니며 담당자들을 끈질기게 설득하고 꼬드겨 샘플을 얻어내는 데 성공했다. 관련학자들이 참석하는 국제 학회에는 만사를 제쳐놓고 참가해 그 학자에게 따라붙어 정보를 얻어냈다. 우주인 한 명을 위해 너무 많은 돈을 쓰는 것 아니냐는 비아냥거리는 소리를 듣기도 했다. 그러나 정읍방사선과학연구소에서는 2007년 7월 세계에서 세 번째로 방사선을 쐰 우주식품을 개발하는 데 성공했다.

우리나라는 금년 12월에 KSLV－1 로켓을 발사한다고 한다. 전남 고흥의 나로우주센터에서 발사될 첫 발사체는 '과학기술위성' 2호를 싣고 올라갈 예정이다. 비로소 우리나라도 자체적으로 인공위성을 제작하고 우주로 발사하는 기술을 보유하게 되는 것이다. 미국 항공우주국은 이소연 씨를 '우주인이 아닌 상업계약에 따른 우주비행 참여자'로 분류했다. 미국 · 러시아 · 유럽 · 일본 소유의 우주정거장에 온 관광객이라는 것이다. 그것도 36번째 국가의 관광객으로서.

강대국들은 항공우주산업만은 후발 국가가 절대로 발을 들여놓지 못하게 할 것이라고 했다. 미국 행정부는 앞으로 16년 뒤부터 달에 영구 기지를 건설한다는 신우주 전략을 발표했다. 중국은 독자적인 달 기지를, 일본은 달보다 4배 먼 공간에 깊은 우주기지를 꿈꾸고 있다. 세계 강국들은 우주를 영토로 만들어가고 미래라는 시간까지 점령해 가고 있다. 우주는 인류 역사상 두 번째 신대륙이 될 수밖에 없다는 신념이다. 그러므로 우리도 누구의 꼬리라도 붙

들고 그곳으로 가야 한다. 콜럼부스의 신대륙 발견이 그것을 증명하고 있으며, 배 타고 무작정 떠나 신천지를 발견한 서양인들은 지금 강대국이 되어 후손들에게 탐험 의지의 줄기세포를 새겨주고 있다. 그런데 우리는 지금 한반도에서 남쪽입네 북쪽입네 하고 있다. 고기 배 따듯 한반도운하를 건설하겠다고 한다. 재벌은 자식에게 물려 줄 유산에 따른 죄업에 도덕적 장님이 되어 보는 이들의 눈을 느끼하게 하고 있다.

5월의 눈

봄이 무르익었습니다. 그야말로 만춘滿春입니다. 동물원 옆 대지마을 복숭아는 무지하게 맛있습니다. 그 과수원에 꽃이 만발해 무릉도원 같다는 생각이었습니다. 그런데 오늘 아침 산책길에서 보니 과수원집 아저씨는 벌써 복숭아나무 가지에 열릴 열매의 중량을 생각해 받침대를 가져다 세워놓았습니다. 봄에 가을을 생각하고 미리 미리 준비하는 모습에서 세상의 깨끗한 면 한곳을 발견한 느낌이었습니다.

집으로 돌아와 신문을 집어 보니 첫 면 중앙에 동자승 모습이 큼직이 실려 있습니다. 파르라니 깎은 머리에 오른손을 대고 웃고 있는 입이며 정면을 바라보는 눈동자가 매우 맑고 고왔습니다. 또한 큼직한 귀와 적당한 콧날에 흰 치아 붉으레한 얼굴의 건강미와 천진스러움이 생명의 꽃 같다는 생각이었습니다. 돌 지난 증손녀를 보고 어머니는 기뻐하시면서 하시는 말씀이 있습니다. '사람 새끼 일 년 키워놓으니 쓰레기를 휴지통에 갖다 버릴 줄 안다.'고. 인간의 종種에 대한 스스로의 감탄입니다.

어제는 어린이날이었습니다.

동물원도 바빴고, 무지개차도 공중자건거도 손님이 많았습니다. 1970년 6월 15일 관공서의 휴일에 관한 규정으로 어린이날은 휴일이 되었습니다. 그리고 이 날은 고궁을 비롯하여 각종 시설이 어린이들에게 무료로 제공되도록 했습니다. 또한 "어린이는 나라와 겨레의 앞날을 이어갈 새 사람이므로 그들의 몸과 마음을 귀히 여겨 옳고 아름답고 씩씩하게 자라도록 힘써야 한다."는 어린이 헌장 돌비를 공원이나 동물원 근처에 세웠습니다.

많은 어린이들이 엄마 아빠 손을 잡고 동물원을 찾았습니다. 손에는 고무풍선을 들고 있기도 하고 먹을 것을 든 손도 있었습니다. 하나같이 귀엽고 자랑스러운 대한민국 공주요 왕자였습니다. 그들은 부모와 함께 울 안에 갇혀 있는 호랑이를 보고 '어흥'하면서 재미있어 했습니다. 그러다, 어린이가 묻습니다. "저 호랑이는 왜 저렇게 좁은 공간에서 살고 있대요?" 하고, "응-미련하게 잡혀와 너희들에게 보여주려고 그렇단다."고 어른은 답합니다. 그런데 호랑이의 답은 그것이 아니었습니다. "우리는 미련한 짐승일지라도 당신들같이 산 목숨을 잡아다 우리 안에 가둬 놓고 바라보면서 즐거워하는 그런 잔인성은 없다."고.

5월은 계절의 정점입니다. 그리고 5월은 계절의 눈이 됩니다. 5월은 온 산하가 녹색 융단길이 됩니다. 나무 나무마다 잎으로 무성합니다. 초록의 물길은 분수 같습니다. 나이 든 가슴에도 푸른 물이 들고 가난한 마음에도 너그러운 물길이 열립니다. 건조한 피부에서도 초록 잎 같은 게 피어날 것 같습니다.

나는 5월의 눈을 생각합니다. 5월의 기쁨과 축복 속에서 어린이의 눈 건강을 생각합니다. 어린 동자승 눈만 맑은 것 아닙니다. 어린이의 눈은 누구나 해맑고 깊습니다. 그런데 언론 매체를 통해서 본 어린이의 눈은 푸른 신호등만은 아닙니다. 서울시 교육청이 조사한 결과입니다. 어린이의 시력은 0.6 이하일 경우 교정이 필요합니다. 그런데 교정 대상 학생이 2004년 18.4%, 2005년 19.4%, 2006년 20.6%, 2007년 20.7%로 증가 추세라고 합니다. 대한안경사협회와 한국갤럽조사연구소의 조사에 따르면 2008년 3월을 기준으로 학년별 안경 착용률이 초등학생 36.2%, 중등학생 39.7%, 고등학생이 58.2%,로 나타났습니다.

어린이날이 있어 가정의 달이라고 하는 이 푸른 5월에 우리는 어린이의 건강한 시력을 위해 안과에 찾아가 건강검진을 받아 보는 것도 동물원 행사 못지않다는 생각입니다. 안경眼鏡은 눈의 거울이라는 뜻입니다. 이 눈의 거울이 금테 안경이 되고 콘택트렌즈가 되었습니다. 맹인 헬렌 켈러의 노력과 위대한 업적을 칭찬하기 전에 건강한 눈과 정신으로 살아가는 우리의 아이들이 되어야겠습니다. 세상을 보는 건강한 눈, 진리를 보는 거룩한 눈, 지혜를 찾는 고상한 눈, 예술을 하는 창조의 눈, 고매한 인품으로 존경받는 맑고 밝은 눈을 생각해 보는 5월이었으면 좋겠습니다.

지리산 암자에 갔었습니다

새벽길 서둘러 '도마'마을에 닿았습니다. 쯔비 쯔비! 산새 소리가 들려왔습니다. 마을 회관 옆 감나무 꼭대기에는 스피커 세 개가 방향을 달리한 채 걸려 있었습니다. 스피커는 새마을시대나 지금이나 마을 사람들의 정보 전달 수단으로서 그 가치가 높다는 생각이었습니다.

마을을 가로질러 돌담길 따라 돌아 오르니 앵두나무꽃과 감나무 잎눈이 펜촉같이 솟고 있었습니다. 산수유꽃 노르께하니 피어 어리어리 무리짓는데 박씨 집 외양간에서 풍겨오는 두엄 냄새가 어린 시절 고향 풍경을 연상하게 했습니다.

산길 초입 계곡에서 물을 만났습니다.

물소리는 산의 서곡이 되어 나를 뒤로 하고 흘러갔습니다. 양기를 발산한다는 계곡의 바위들 형상은 제각각이었습니다. 그런데 한

바위에 와 부딪힌 봄 햇살이 반사되어 옆 바위 아랫면에 닿아 어른어른 움직이는 판화 같았습니다.

계곡 물소리는 산 이야기가 되고 신화가 되어 마음의 귀로 길을 내며 다가왔습니다. 물길 따라 가지 내민 진달래는 산처녀같이 수줍기만 했습니다. 염불암 길 버리고 문수암으로 가는 길을 한참 걸었습니다. 이마에서 흐르던 땀이 눈썹에 머물더니 속눈썹 제치고 안구에 와 닿았습니다. 짜거나 맵지 않아 다행이었습니다. 바위에 궁둥이를 붙이고 땀을 닦으며 한숨 돌렸습니다. 흘러가는 물소리에 귀를 맡기고 한동안 무심했습니다.

어느덧 생각도 물길을 따라 갔습니다.

나는 중물이 든 사람도 아닌데 왜 이 길을 걸어가고 있는가. 그동안 나는 어떻게 살아왔는가. 얼마나 더 살아갈 것인가. 나는 이 산 암자에서 누구를 만나게 될 것인가. 결국 나는 나를 만나서 허무해지고 지치고 다시 일어나 걷게 될 것 아닌가. 솔직히 심심해서 길을 나선 것이요 외로워서 이 길을 걷는 것 아닌가. 월요일부터 집안에서 시간을 보내야 한다는 무료함과 허허로운 심사에서 떠나온 것 아닌가.

때로는 스스로에게의 심문이 필요합니다. 몸에 부담을 줌으로써 고난의 쓴 맛이 약이 되게도 합니다. 육신의 고행이 마음의 때를 씻어주고 생각의 길을 내주기도 합니다. 침묵이 힘이 되기도 합니다.

그동안 느슨하게 지낸 세월이었습니다. 술로 시간을 축내고 뒤따르는 실수감과 떠올리고 싶지 않은 불유쾌한 감정을 자책하며 거울을 들여다보기도 했습니다. 생각해보면 성인군자도 외로웠습니다.

죽림칠현도 외로웠기에 술을 마셨고 시를 지으며 세상의 뒷전에서 통 큰 소리를 했습니다. 이태백도 그런 사연으로 강물에 빠졌습니다. 산속의 새도 외로워 울고 계곡의 물도 바다에 이르기까지 힘이 들고 외로워서 소리내어 흘러갑니다. 황소도 외로워서 석양에 이빨 드러내고 울며, 외딴집 개도 불안해서 짖어댑니다. 다듬이질 하는 여인도 외롭고 사찰의 스님도 외로워서 목탁을 두드립니다. 나도 외롭고 어머니도 외롭습니다. 내 아내 또한 그렇습니다. 다만 밖으로 드러내지 않을 뿐입니다. 모든 생명체는 외로움 타는 세포를 지니고 태어나는 것 같습니다. 살아 있는 모든 것, 존재하는 생명에게의 외로움은 당연한 것 같습니다. 그리하여 외로움은 생명의 길이 되고 삶에 있어 자기 검진이 되는 것 같습니다.

배낭 속 수건을 꺼내 땀을 닦으며 하늘을 봅니다. 그러면서도 낯설지 않는 산길이 반가웠습니다. 세 그루의 큰 소나무는 예대로 그 자리에 있고 조릿대도 그 곁에서 중심 푸르게 자라고 있었습니다. 상무주로 가는 길과 문수암으로 가는 갈림길에서 오른손으로 무릎을 짚고 잠시 서 있어 봅니다. 심장의 고동이 고맙게 느껴졌습니다.

산은 물길을 열고 숲은 움을 틔우는 데 있어 온 산은 어린 초록빛 구름을 일으키고 있었습니다. 나무 나무의 껍질 사이로 새 움트는 아픔을 봄 햇살과 바람이 어루만져 주는 것 같았습니다. 문수암에 도착해 보니 미닫이문이 닫혀 있습니다. 암자의 토방에 서서 스님의 혼 같은 까만 고무신을 한참 동안 내려다보았습니다. 어디를 가도 삶이었습니다. 그리고 그 삶 속에는 검정고무신 같은 외로움이 박혀 있었습니다.

제 4 부

수레를 끄는 소처럼

독서력과 생명력

아내가 외출하고 없는 날 아침, 어머니와 커피를 마시면서 나는 또 불효를 하고 말았다. 부지불식간에 '하는 일도 없고 벌어놓은 것도 없이 먹을 것 다 먹으며 시간만 축내고 있다.'고 내뱉은 것이다. 어머니는 '그런 소리 하지 마라, 아이들 키워놓고 남에게 크게 손가락질받지 않으면 되었지 누구는 어떻다든, 사람 사는 게 다 그런 것이지 별것있다더냐.'고 꾸중인지 달램인지 말씀하셨다.

커피 잔을 물리고 신문을 펼쳤다. 지방신문 4면에 다섯 명의 얼굴이 크게 나와 있다. '농촌학교 도서 기증'이라는 판을 들고. 내용은 전북농협에서 진안 안천중학교에 240권의 책을 기증했다는 기사이다. 신문 11면으로 가니 캡스에서 훈훈서관에 200여 권의 책을 기증해, 익산 시민에게 보탬이 됐으면 좋겠다는 내용이 또 나타났다.

농협에서는 농촌지역 차세대 주역인 청소년들에게 미래를 위한 투자라며 매년 기증 대상 학교를 선정해 도서 보내기 운동을 전개해 나갈 것이라고 했다. 캡스 관계자는 '빌게이츠가 오늘의 나를 있게 한 것은 마을의 작은 도서관이었다.'라고 말했 듯 시민들에게 작은 보탬이 되었으면 좋겠다고 했다. 모든 게 뒤져 있고, 가난한 도시로서 하늘이 흐려도 어린아이들 영혼의 뜰에 독서라는 터전을 마련하고 희망의 식수가 진행된다면 그 사회는 정서적 그린벨트 걱정은 안 해도 될 것이다.

평소 마음 무겁게 존경하는 선생님이 집필하시고 강의하는 고하문예관(스타상호저축은행 4층)에 가면 넓은 공간의 장서 세계에 기가 눌린다. 예술계에서 활동하고 있는 많은 분들은 고하 선생님의 작품 세계에 대해 입을 벌려 글을 잘 쓰신다고 한다. 글을 잘 쓴다는 말은 책을 많이 읽고 또 책을 많이 소유하고 있다는 뜻의 다른 표현임을 나는 늦게 알았다. 그래서 노인 한 분을 잃으면 도서관 하나가 없어지는 격이라는 말에도 공감하게 된다. 예술가의 주름이 지혜의 밭이랑 같다는 생각에도 큰 의미를 부여하곤 한다.

한 나라의 과거를 알려면 박물관으로 가고 미래를 알려면 도서관으로 가야 한다는 말은 좀 오래된 말이다. 자원전쟁이라고 경제계에서는 볼멘소리를 한다. 그렇다면 자원이 고갈되는 순간 나라의 운명은 더욱 달라질 것이다. 그런데 활자 속에 켜켜이 쌓여 있는 지식과 지혜의 자원은 쉽게 사라지지 않고 확대 재생산될 수 있다는데 우리는 마음의 눈을 줘야 한다. 문화는 삶의 모습이요 예술은 문화이다. 창작은 예술로서 영혼에 감동의 옷을 입혀준다. 살아야 할 이유와 존재의 가치와 생명의 유전인자를 관리해 인류의 강을 흐르게 한다.

독서하는 대통령을 둔 나라는 시끄럽지 않고 문명한 사회와 국가를 만들어 왔다. 반면 독서하지 않고 문화를 소중하게 생각하지 않는 나라의 대통령은 오래 가지 못했다. 나폴레옹은 전쟁터에서도 틈틈이 괴테의 ≪젊은 베르테르의 슬픔≫을 읽었고, 알렉산더 대왕도 원정 때 호메로스 ≪일리아드≫를 읽었다. 링컨과 루즈벨트도, 처칠과 케네디도, 이순신과 세종대왕도, 연암과 다산도, 사육신과 생육신도 책 읽기를 일業과 같이 했다. '책 읽는 국민이 부국을 이룬다.'는 애덤 스미스의 국부론을 떠나서라도 사람은 책을 읽음으로써 의식의 싹을 틔우고 성장의 꽃을 피우고 결 고운 삶의 열매를 맺는다.

독서는 상상력을 키운다. 창조의 힘을 준다. 추측하고 상상하고 만들고 부수고 하는 가운데 자기를 성장시켜 나간다. 그래서 작가는 독자에게 상상하게 하고 꿈꾸게 하며 창조의 기쁨을 줄 수 있는 문장의 글을 써야 한다. 독자가 개성을 추구하고 스스로를 감동시킬 수 있도록 해야 한다. 그래서 위대한 작가는 위대한 교육자라고 할 수 있었다.

성인 중 30%가 일 년에 책 한 권도 읽지 않는다는 게 우리나라의 통계다. 연평균 도서관 이용율도 유럽국가의 절반에 미치지 못한다. 독서량은 일본의 삼분의 일도 못 따라 간다. 교육자와 대통령 그리고 각계에서 지도자의 위치에 있는 사람들이 주변 국가의 독서 수준을 따라가고 있는지 스스로 판단해 볼 일이다. 독서력이 국력이 된 지 오래이다. 아니 독서력이 인격이요 좋은 죽음을 맞게 하는 길이다.

조직의 체면을 생각하는 신문이 됩시다

아무리 덥다 해도 새벽공기는 선선합니다. 찜질방 더위 속 같은 밤이었대도 새벽의 서늘함이 있기에 잠자리에서 일어나 생명의 하루를 시작합니다. 아침, 건지산 숲 속에서 새소리 뒤로 하고 서쪽을 바라보고 한참 동안 앉아있다 돌아오는 길이었습니다. 한 할머니가 운동을 하다 멈추더니, 대통령 이름을 성도 빼고 두 자만 부르면서 '이제 대운하는 쏙 들어가고 노인의 복지까지 들먹이면서 조잔하게 이래라 저래라 한다.' 고 했습니다. 어쩌다 대통령의 위신이 이렇게까지 추락되었는지－ 나는 〈한번 찍고 5년 동안 후회할 것인가〉라고 모악카페에 대선에 관한 글을 쓴(2007.12.17.) 일이 있어 그때의 생각이 떠올랐습니다.

대통령과 정부의 체면이 말이 아닙니다. 참으로 씁쓸한 시대를 살고 있다는 생각입니다. 체면치레란 말이 있습니다. 남을 대하기에 번듯한 면목이요 남볼썽을 말합니다. 면목은 뭡니까? 한자로 보면 얼굴과 눈이요, 얼굴의 생김새나 모양새입니다. 이게 말이 아니라고 할 때는, 그 사람의 인격과 품위가 땅에 떨어졌다는 것입니다. 지금 우리는 각자의 인격과 집단의 체면과 국가의 면목을 생각해야 할 때가 아닌가 싶었습니다. 글 쓰는 분은 글품文品을 생각하고, 그림 그리는 분은 화격畵格을 생각하며, 노래하는 이는 가사의 의미를 챙겨야 합니다. 만화와 만평을 짓는 분은 촌철살인의 정신을 새롭게 하여 건강한 사회를 위한 생명력에 기여할 때입니다.

전북매일신문이 여섯 번째의 창간 일을 맞습니다. 축하하는 마음은 자연스럽습니다. 나는 이 신문 7면 모악카페에 몇 년 동안 글을 실었습니다. 그래서 나는 스스로에게 묻게 됩니다. 혹시라도 개인의 정분에 치우치고 사사로운 감정으로 문맥이 달라지는 일은 없었는지, 점심 한 끼 같은 물질의 대접을 받고 보상심리로 속보이는 글을 부자연스럽게 쓰지는 않았는지, 회사 체면을 살린답시고 시론에 맞지 않는 글을 올리지는 않았는지를.

서울 ㅈ신문과 또 다른 ㅈ신문은 돈 많은 신문사로 널리 알려져 있습니다. 그리고 그동안 권력과의 유착관계로 사회의 비판을 많이 받기도 했습니다. 그런 가운데 유가부수 조작 사실로 고발되기도 했습니다. 다른 ㅈ신문은 근자에 '미국산 쇠고기 1인분에 1700원'이란 제목의 사진과 글을 올렸습니다. 그런데 그 신문사 경제부 기자와 사진부 기자 그리고 인턴사원이 서울 모 식당으로 가서 손님이 없다는 핑계로, 경제부 기자와 인턴사원을 손님으로 분장시켜 사진부 기자가 사진을 촬영했습니다. 시민들이 싼값으로 맛있게 미국산 쇠고기를 먹고 있다는 것을 널리 알리기 위해 쇼를 한 것입니다. 이 상황은 그 신문 07월 05일자 9면에 실려 나갔습니다.

미국산 쇠고기가 불티나게 팔리고 있다는 것을 보여주기 위한 드라마는 이렇게 취재해야 할 기자가 손님으로 둔갑해 탄생되고 보도되었습니다. 기자가 드라마 작가가 되고 기자와 인턴이 탤런트가 되어 연기에 성공한 예입니다. 그들은 신문사에서 취재 윤리 불감증으로 인한 감봉과 경고처분을 받았다고 해명 기사를 냈습니다. 독자를 기만하고 촛불시위를 의도적으로 왜곡하게 한 그 잘못에 대한 책임이 감봉과 경고가 전부라면 앞으로도 얼마든지 그런 일은 발생할 수 있습니다. 사주의 윤리관과 언론관이 제대로 되었다고 볼 수 있을지 의문스러운 부분입니다. 지방신문은 많지 않은 사원들 급여만으로도 사주들은 경영면에서 개미허리가 됩니다. 기자들은 보수가 넉넉지 않아도 열심히 뜁니다. 사주 편을 들기 위해 연극을 하지 않습니다.

언론의 자유가 없었던 지난날은 '쓰기'가 힘들었습니다. 그러나 지금은 정보가 넘쳐납니다. 어느 신문과 어느 기사를 골라 읽어야 할지 '읽기'가 어렵습니다. 신문의 기능은 듣는 것도 쓰는 것도 아니고 '읽기'에 있습니다. 독자는 신문을 읽고 신문은 시대와 사회를 읽어야 합니다. 아침 배달제도가 살아 있는 것은 신문과 우유뿐입니다. 생명의 젖인 우유와 사유의 젖줄인 신문이 원시적인 방법으로 살아남은 이유를 생각해야 합니다. 꽃에 취하면 벌이 길을 잃는다고 했습니다. 재벌의 생리를 떠나서 나와 회사의 건강한 생명력을 생각해야 합니다. 내 등에 이름 석 자를 짊어지고 간다는 그 정신이 개인과 신문사의 체면과 명예를 지켜줄 것입니다.

소주와 일본 청주

오주석의 ≪한국 미 특강≫이란 책에서 김홍도의 그림 〈주상관매도舟上觀梅圖〉를 본다. “봄 물에 배를 띄워 가는 대로 놓았으니 / 물 아래 하늘이요 하늘 위에 물이로다 / 이 중에 늙은 눈에 보이는 꽃은 안개 속인가 하노라.” 단원 김홍도의 시다. 그림을 그려놓고 시를 썼다. 단원은 화가이면서 글씨도 잘 썼고, 키가 훤칠한 미남이었다고 한다. 그런 그는 성격까지 좋아 당대의 소문난 음악가이기도 했다. 시 · 서 · 화에 음악까지 달통했으니 만능 예술인이었다.

먼 산에는 나무가 없고, 먼 강은 물결치지 않고, 먼 곳에 있는 사람에겐 눈이 없다는 게 옛날 화론이다. 그것을 증명하듯 〈주상관매도〉는 언덕 가장자리로 가면서 묵선의 농담이 흐려지는 동시에 물기도 함께 빠져나가서 점차 완전한 여백 속으로 사라져가는 그림이 볼품이다. 언덕 아래 물가 배 안에는 노인이 한 분 계신다. 앞에는 동자가 있다. 그리고 중간에는 조촐한 술상이 놓여 있다. 물 속에 배를 띄우고 그 안에서 술을 마시면서 언덕의 매화를 하염없이 바라보고 있는 것이다. 멋진 풍경이 아닐 수 없다.

위대한 작품은 박물관이나 전시장에서 정색을 하고 바라보게 된다. 그러나 사랑스런 작품은 나만의 서재에 걸어놓고 자주 바라보면서 마음 편한 시간을 갖는 게 좋다. 그래서 그림도 분수에 맞는 욕심을 부려야지 과분하면 병이 된다. 〈주상관매도〉에 술상이 없었다면 그림은 한결 건조하고 낭만적인 자연과의 어울림이 줄어들었을 것이다.

알콜용 곰팡이를 곡류에 번식시키는 데 성공한 것은 중국 춘추전국시대 때의 일이다. 누룩이란 이름은 여진족이 술을 '누러' 또는 '누륵'이라고 부른 것이 음이 변해 그리되었다고 한다. 한편 일본 ≪고사기≫에 의하면, 서기 300년 무렵 백제에서 건너간 수수보리須須保利가 누룩으로 술 빚는 기법을 전했으며, 그로 인해 그는 일본에서 주신酒神으로 추앙받게 되었다고 되어 있다. 일본에서는 쌀로 빚은 청주를 사케(酒)라고 한다. 그러므로 사케는 청주라는 다른 이름이 된다. 그리고 국제적으로는 사케가 니혼슈(일본술)로 통한다고 한다. 사케라는 일본 청주가 우리나라에 역수입된 것은 일제강점기에 부산의 일본 양조업자가 '마사무네(정종)'를 내놓아 대박을 터트린 것이 계기가 되었다고 한다.

요즘 한국의 젊은 애주가들이 사케를 즐겨 마신다고 한다. 금년

상반기 일본 청하 수입은 259만 달러를 넘었다. 지난 해보다 73.8%가 늘어났다. 서울 강남부터 생겨난 사케바들도 전국으로 번지고 있다고 한다. 반면 일본 샐러리맨들은 우리 소주에 취한 지 20년이 넘었다고 한다. 한국산 소주의 대일 수출은 연간 1억 달러에 육박해 사케 수입의 20배가 넘는 셈이다. 양국 젊은이들이 사이좋게 술을 주고받는 것 같다. 그런데 소주의 알콜도수는 25%인데 일본 청하 사케는 15% 남짓하다. 술의 성향이 일본은 독해지고 한국은 약해지고 있다. 그런데 문제는 일본인들이 독한 술을 마시더니 성깔이 거칠어졌는지 독도가 제 나라 땅이라고 치고나온다는 점이다. 반면에 약한 술을 마시어 심장이 약해지고 이성이 흐려졌는지 한국인은 일본이 독도를 건드려도 누구 하나 할복자살한 사람이 없고 뺨 한 대 갈겨줄 기세도 없다. 정부는 외출했고 청와대는 7시부터 출근해 밤 11시까지 근무한다는데 일하는 사람이 보이지 않는다. 독도가 생전 듣지도 못한 "리앙쿠르 암"이라는 명칭으로 바뀌어져 가는 데도 손 하나 쓰지 못하고 당하고만 있었다. 그런데 캐나다와 미국의 한인 여성 교포가 정부가 출장가고 없는 동안에 일을 해냈다. 한국의 독도(Dokdo)를 지켜주었다. 한국 여성의 힘은 국제적으로 필요한 때 그 힘을 제대로 발휘해 주었다.

이대로 가다가는 2010년 7월쯤 일본○들은 종로가 동경 땅의 일부라고 우겨댈지도 모른다. 그런데도 실용 외교의 달인 현 정부의 봉급쟁이들은 근본 대책을 구상하고 있는 중이라고만 하고 있다. 월말만 되면 각종 세금을 내라는 고지서를 보면서 열 받게 된다. 국가와 정부가 국민에게 스트레스를 줄 것 가지고 줘야지, 국토도 제대로 못 지키고 국민의 생존권도 보호해 주지 못한다면 이게 어찌 나라꼴이겠는가. 마시던 술이 확 깰 일이다.

토종씨앗의 운명

'미스 킴 라일락'이 있다. '데이 릴리'(daylily)도 있다. 미스 킴 라일락은 우리나라의 '정향나무'가 미국으로 건너가 그렇듯 변신하고, 데이 릴리는 우리의 토종 꽃 '원추리'가 그렇게 된 것이라고 한다. 제 나라 제 땅에서 못 살고 손등에 털이 검실검실한 외국인의 손에 끌려 미국으로 잡혀가서 뿌리와 유전자는 한국 토종인데도 미국 이름을 얻어 미국 꽃으로 불려지고 있는 상품이다.

6·25전쟁과 일본의 식민지 삶은 사람들만 죽이고 괴롭힌 것이 아니었다. 6·25 동족 전쟁은 이념의 전쟁으로 많은 인재를 앗아갔다. 정치적인 희생만 따른 게 아니라 예술계 특히 문단의 이름난 사람들이 월북했다 하여 그들 작품을 공부할 수 없었던 시대도 있었다. 전쟁 중에 빼앗긴 게 인간의 목숨뿐만 아니다. 식민지 시대의

삶은 반민족 친일파와 민족 지도자로서의 지조파라는 이름으로 오늘날까지 서로 자유스럽지 못하고 골이 깊다. 친일파 시인 작가의 불명예는 이 땅의 문화 발전에 걸림돌이 되기도 했다.

그런데 그에 못지않은 자연의 희생과 식물의 착취가 있었다. 미국에서 유명한 '미스 킴 라일락'은 서울 북한산 정향나무가 미국으로 건너간 것이다. '데이 릴리'는 우리나라의 원추리이다. 콩이 나지 않는 미국이 세계적인 콩 수출국이 된 것도 한국에서 가져간 우리의 콩 종자 덕분이라고 한다.

미국의 육종학자 노먼 블로그는 1944년 멕시코에 고수확 밀 품종을 개발하는 연구소를 세웠다. 세계 인구가 급증하면서 기아사태가 나자 록펠러재단이 후원해 만든 것이다. 그런데 블로그는 일본 밀을 바탕으로 다른 밀과 교잡시켜 새 품종 '소노라'를 개발했다. 100ha 당 300kg이었던 밀 수확량은 4배가 넘는 1,409kg을 생산하게 되었다. 인도와 파키스탄은 이 밀로 굶주림에서 벗어났고 블로그는 1970년 노벨평화상을 받았다. 그런데 블로그가 일본 밀이라고 가져간 그 밀이, 우리나라 남해지방에 자생하는 키 작은 '앉은뱅이 밀'이라는 사실이다. 이 '앉은뱅이 밀'이 끌려간 도공들같이 임진왜란 때 일본으로 끌려가 일본 품종 이름을 달게 되었고, 그것이 다시 미국으로 가서 '소노라'가 되었다.

그런데 그 밀이 밀가루가 되어 한때는 미국에서 무상 원조라는 차원에서 '480－2'의 이름으로 우리나라에 역수입되었다. 박정희 정권 때의 일이다. 그 밀가루는 사방공사를 하고 개간간척을 할 때 풀어졌다. 그런데 지금은 그 밀가루가 '식량전쟁'이라는 이름으로 검은 구름을 몰고 오고 있다. 그리하여 자장면과 라면값을 치솟게 하면서 서민들의 목을 죄고 있다. '앉은뱅이 밀'을 빼앗긴 원죄를 생각할 때가 된 것이다. 우리의 콩이 미국에 가서 남의 땅에서 싹을 틔우면서 한국의 땅 맛을 얼마나 그리워했겠는가!

한국인의 이민사에만 눈물이 있고 식물의 식민시대와 토종씨앗의 이식시대의 아픔은 생각지도 못하고 살아왔다. 한반도의 역사적 아픔과 눈물이 종자와 씨앗에도 흥건했는데 눈과 마음을 주지 못했다. 제 자식 귀한 줄 알면 제 나라 제 땅의 것도 소중한 것임을 알았을 법하다. 그런데 우리는 그동안 일본의 식민지와 6 · 25전쟁과 새정부수립의 혼란과 파벌 싸움 속에서 토종씨앗과 곡물 종자를 엄청나게 빼앗기고 말았다. 그러고도 그런 일은 안중에도 없다는 듯 살아왔다. 세계적으로 잘 사는 나라라고 큰소리치면서.

다행인 것은 국내 멸종 토종씨앗이 서서히 돌아오고 있다는 것이다. 미국이 6 · 25전쟁을 겪으면서 수집해 갔던 재래종 토종씨앗 콩 · 고추 · 들깨 · 배추 등 34종을 반세기 만에 되돌려 준 것이다. 미국 농업연구청과 우리나라 농촌진흥청의 기술 협력에 따른 양해각서의 결과 덕분이다. 이런 상황인데도 일제강점기에 엄청난 유전자원을 가져간 일본은 종자의 리스트도 공개하지 않고 있다. 독도도 집어삼키겠다는 인간 말종들로서는 당연한 일이라고 생각할 것이다. 제 정신 못 차린 조상을 둔 죄업이다. 의젓잖은 지도자와 통치자를 가진 죗값이다. 정부라는 조직에서 각료라는 이름을 단 자들이나, "청"자 성姓에 "와대"라는 이름 속에서 정신 못 차린 봉급쟁이들에게는 할 말도 없다. 우리가 서둘러서 우리의 힘으로 우리의 토종 씨앗과 이 땅의 식물 세상을 지켜가야 한다.

왜 대한민국은 국사교육을 소홀히 하는가

조선시대 임금들의 실록은 그 당시 정치적 역사 기록입니다. 족보는 가정과 가문의 역사서가 됩니다. 그러므로 종이와 인쇄문화가 발달한 이 고장에서 족보문화가 발달된 것은 자연스러운 현상입니다. 족보를 지킨다는 것은 선비로서 양반으로서 시민으로서 가정의 문화와 조상 정신과 그 영예를 잊지 않고 긍지롭게 삼기 위한 명예로운 후손들의 의무라 생각했을 법합니다.

개인사적 삶에 족보라는 문화적 기록이 있다면 국가에는 나라의 역사서가 있어 마땅하고 한자식 표기로는 국사國史가 됩니다. 필자가 학교에 다닐 때에는 국어 산수 사회 자연 국사 도덕 음악 미술 체육의 교과서가 있었습니다. 물론 지리도 있었습니다. 학교를 졸업하고 시험을 치루면 어떤 공무원 시험에도 국사와 국사정설은 필

수였습니다. 그때에는 교육 목표에 국가관과 애국심이 분명했습니다. 그만큼 나라를 위해 돌아가신 분들 이름과 공적을 줄줄이 외우기도 했습니다.

추석 연휴 시간을 내서 신봉승 씨의 ≪조선의 마음≫이란 책을 읽었습니다. 독도는 일본이, 제주도 멀리 바다 속은 중국이 건드리고, 백두산은 이미 한 절반이 중국 땅으로 되어버린 듯한 현실 앞에 도대체 이 나라의 역사와 국사 교육이 어디에 문제점이 있는가 싶었습니다. 책 내용 일부입니다. 쿠데타의 상처가 아물고 명실상부한 문민정부가 수립되자면 줄잡아 30여 년의 세월이 필요한 것은 예나 지금이나 다를 바 없습니다. 이성계가 쿠데타에 성공해 임금자리에 오르면서 집권의 길을 트고, 정 · 태종을 거쳐 문민정부라고 할 수 있는 세종이 보위를 이어받을 때까지 28년의 세월이 필요했습니다. 그런데 박정희 장군이 주도한 5 · 16 군사 쿠데타에 제 5 · 6 공화국을 거쳐 김영삼 문민정부가 들어서기까지 30여 년 세월이 필요했는데 이것은 우연의 일치가 아니고 역사의 사이클이 그렇다는 것이었습니다. 또한 태종이 왕위에 있었던 18년은 박정희 대통령 집권 18년과도 맥을 같이 한다는 것이었습니다.

그리고 이 책에서는 장관, 총리, 부총리들 중 반수 이상이 대학의 강단에 섰던 지식인들인데 어느 누구도 국무위원 회의록을 작성하자고 발언한 풍설도 들려오지 않는 마당인데 그런 발언을 할 장관이나 총리가 있었는지 알아낼 방도가 있겠느냐는 것입니다. 모두가 책임지지 않겠다는 얄팍한 생각에 젖어있음이 분명하다고 했습니다. 그러면서도 이 책에서는 조선시대 실록을 보면 선비들이 목숨

내걸고 한 말이나 어전회의 내용을 토씨 하나 틀리지 않게 기록하고 있었다고 했습니다. 또 다른 면에서는 아직도 일본인이나 동양척식주식회사와 같은 약탈 기관의 명의로 된 땅이 여의도 일곱 배나 된다는데 이게 될 말이냐고 썼습니다.

이 나라의 교육과학기술부 장관에게 묻고 싶습니다. 지금 우리나라에 국사 교육이 제대로 되고 있는가를―. 내가 알고 있기에는 초등학교에서는 국사라는 책도 없고 가르치지도 않는다는 것입니다. 초등학교 5 · 6학년이 되어서야 다른 과목에 약간 끼워 있어 가르치는 둥 마는 둥 한다는 것입니다. 우리 청소년들이 국사 교과서를 처음 만나게 되는 것은 중학교 2학년이 되어서야 가능합니다. 그리고 고등학교 1학년까지가 고작입니다. 대학 입시와 국사와는 아무 관련이 없습니다. 그뿐 아니라 엘리트를 선발하는 각종 고시에 국사는 선택과목이었습니다. 그런데 1997년에는 아예 없애버린 것으로 되어 있습니다. 제 나라 국사를 배우지 않는 사람들이 법원을 맡고, 정부를 맡고, 사회의 지도자는 물론 경제계 수장이 되어 전 사원을 맡고 있는 나라가 우리나라 말고 다른 나라에도 있는지 모르겠습니다. 나라의 역사를 소중히 생각하지 않는 사람이 제 아비나 조상을 잘 위할 턱이 있겠습니까.

매국 오적이라고 불리는 후손들은 그 대신들이 죽자 호화분묘를 만들었다고 합니다. 그런데 지나가는 사람마다 매국노 무덤이라고 침을 뱉자 후손들은 창피함을 견디지 못해 평묘平墓를 만들어버렸다고 합니다. 그리고 그 후손들은 지금 역사를 관장하는 신神이 있다고 믿고 산다는 글을 읽었습니다. 일본이 독도를 건드리면 그때만

게거품을 물고 식식거리다 마는 정부의 역사 관련 담당자들 후손도 마음 편치 못할 날이 올까 걱정스럽습니다. 왜 우리의 국사를 외면하는가! 정부와 교육 당국에 묻고 싶습니다.

흥농종묘와 고故 양인승 사장

그동안 우리나라 종묘업 허가 제1-1-1 호는 흥농종묘였다. 그렇게 되기까지에는 창업자 고 이춘섭 회장의 눈물어린 고생과 역경이 드리마틱하였다. 그분은 시작 단계에서 국경을 넘어 중국에 까지 가서 씨앗을 팔았다. 중국 땅까지 발품을 팔아 가서 씨앗을 내놓으면 현지인들이 싹이 틀 것인지 죽은 씨앗인지 알 수 없다고 트집을 잡았다. 그는 궁리 끝에 전대纏帶를 만들었다. 그리고 전대 속에 흙을 얇게 깔고 그 속에 씨앗을 묻었다. 그리고 그것을 배에 대고 허리에 묶었다. 몇 날 며칠을 걸었다. 중국 땅에 도착했을 때는 체온에 의해 종자에서는 싹눈이 텄다. 그것을 내보이며 틀림없는 종자이니 안심하고 사라고 했다. 그렇게 거래를 텄고 그러한 과정이 흥농종묘의 첫걸음이요 회사 태동에 따른 진통이었다.

이춘섭 씨는 모든 농림고등학교 졸업생들에게 회사의 원예기술 보급 책자 ≪최신원예≫를 무상으로 공급했다. 각 학교에서 졸업생 명단을 입수해 일일이 손으로 주소를 새겨 보냈다. 그러는 동안 손마디는 굵어졌고 틀어졌다. 이 회장이 끝까지 보물처럼 아꼈던 것은 캐비닛 안 농업고등학교 졸업생들의 명단이었다고 한다. 회사에는 흥농보국興農報國이란 큰 족자가 걸려 있었다. 농사를 일으켜 국가에 보답하자는 뜻이었는데, 그때의 새마을운동 정신과 맥이 같았다.

그 무렵 전주에는 고인이 된 양인승梁寅承 사장이 있었다. 70년대 후반에서 80년대 초까지 그는 전북에서 개인 소득 1위를 했다. 그리고 자동차 포니가 자가용으로 등장, 부인이 최초로 타고 다닐 때는 장안의 화제가 되기도 했다. 흥농종묘 총판 시절의 이야기이다. 그 뒤 회사들은 총판을 흡수해 본사 직영으로 하는 운영체제로 나가니 지방은 자연히 지점이 되고 말았다. 그러기까지 고 양인승 씨는 도교육청 앞 버드나무거리에서 한 봉지 한 봉지 씨앗을 판매하면서 풍남문이 있는 전동의 흥농종묘에 이르기까지 고생 고생해 키워온 회사였다. 그 당시 읍면의 5일장이면 그곳 대리점에 나가서 수금을 해 본사에 송금을 해야 했다. 월말이면 여성들 달거리하듯 하는 송금의 아픔이 따랐다. 그리하여 장마다 돌면서 수금을 하는 게 큰 일이었다. 그런데 남원 장날같이 큰 장날을 앞두고 전날 밤 갑자기 비가 내리면 자다가도 벌떡 일어나 담배를 피워 물었다. 비오는 날은 장이 죽을 쑤기 때문이다. 그렇듯 피워대던 담배는 오른손 엄지와 검지 손톱에 담배 진 물이 들게 했다.

그러한 상황 속에서도 그는 서울 손님 접대, 농민들 환대, 직원들의 이해…. 결국 그의 간은 상했고 시력도 꺼져갔다. 끝내 그는 그 병으로 회갑 무렵 지구를 하차했다. 그 당시 나는 서해방송 전주분실에 있으면서 그 회사를 드나들면서 그분의 말씀 따라 의형제가 되었다. 그분은 그랬다. 부인과 함께– 직원을 한 사람 채용하면 봉급의 몇 %를 본인 몰래 떼어 두었다. 그러다 그가 결혼을 하거나 집을 마련할 때면 그때 모아두었던 돈을 내놓았다. 어느 직원이 독립을 원하면 시군에 장소를 물색해 흥농종묘 대리점 간판을 걸어주기도 했었다. 직원이 실수를 하거나 사고를 내면, '풀 벤 사람이 손 베는 것이지 노는 놈이 다친 것 보았냐.'고 하면서 관대했다.

고 양인승 사장이 장수군 팔공산 야산을 매입해 농장을 운영할 때는 4–H 연수원도 짓고, 이 지방 농민대학 같은 교육기관을 운영하고 싶다고도 했다. 엘크사슴 뿔을 자를 때면 녹혈을 먹겠다고 그 당시 도백 홍○○ 씨도 다녀가곤 했다. 고 양인승 씨! 그분은 의리와 사업과 향토애를 아는 사람이었다. 농민으로부터 번 돈이니 농민을 위해 써야 한다고 농촌에만 골라 투자를 했다. 그때 그런 돈을 도시의 땅에 투자했다면 오늘날 그 가족의 운명은 달라졌을 것이다.

창업자도 가고 양인승 사장도 갔다. 그들은 지하에서 만나 지금도 종자에 대한 이야기를 나누고 있는지 모르겠다. 회사는 서울대학교 상대를 나온 이춘섭 회장의 아들이 맡았다. 그러나 한 세대를 껴안지 못하고 IMF 때 국제기업에 팔아넘기고 말았다. 인터넷에서 흥농종묘를 치면 회사 이름은 나타난다. 그런데 클릭을 하면 '찾을 수 없는 페이지'라고만 뜬다. 이 땅의 흥농종묘도 중앙종묘도 '세미니스 코리아'라는 외국 기업에 팔려버렸다. 회사가 팔리는 게 뭐 그렇게 원통한 일인가!— 제 나라 종자와 씨앗이 몽땅 외국으로 가버렸다는 사실이 영혼의 멀미를 일으킬 일이지.

이 가을의 기도

묶인 깻단이 공터에서 가을 햇살에 제 몸을 말리고 있습니다. 노란 호박덩이는 세상에서 저 혼자 남은 열매라는 듯 빈 밭에 동그마니 남아 주인의 발길을 기다리고 있습니다. 벼이삭은 마지막 영긂에 있어 머리를 숙여 대지의 고독을 읽고 있습니다. 파도 같았던 매미 소리는 어디로 갔을까요. 치르르 치르르 제 갈비뼈를 긁어대며 느린 음악을 연주하던 풀여치는 얼마 전까지 숲길에서 만날 수 있었는데, 지금은 어디에 가 있을까요. 뜨거웠던 여름날 귀뚜라미 너는 어디에 가 있다 이제 와 추워지는 가을밤을 울어 새우고 있는데 귀뚜라미 너는 지금 행복한가요.

가을은 오는 이 없이 가는 사물만 커 보이는 계절인지. 모악산 산빛이 많이 흐려졌다 싶었는데 건지산 참나무 잎은 벌써 내려앉기 시작했습니다. 작은 키에 손톱만한 꽃을 피워 놓은 소국小菊은 작은 바람에도 허리 꺾일까 흐느끼는 듯한 몸짓입니다. 가을은 너나 나나 자연이나 거리나 조금은 허전하고 건조한 느낌에 소리 없이 흐느끼는 갈대 음音을 연상하며 생명의 추위를 타게 됩니다.

수요일이면 어김없이 만나 점심을 하면서 두서없이 말말을 나누던 친구가 있었습니다. 그런데 그 친구도 가을이 와서 그랬을까 자기 불심 수행을 위해 깊은 산사로 떠났습니다. 가는 곳을 아예 물을 수 없게 하는 의연한 몸짓에 말 없음(…)으로 인사를 대신하고 우리는 헤어졌습니다. 떠나는 자의 결심 앞에 남는 자의 그리움의 무게는 아무것도 아니란 말인지－. 어리석은 자는 항상 삶 다음에 죽음이 오지만 현명한 사람은 죽음 다음에 삶이 온다는 말이 생각났습니다.

인생을 옛 우리말로는 '죽살이'라고 했습니다. '죽고 사는 것'이라는 것이지요. 여기에서는 '죽고'가 앞서고 '살이'가 뒤에 오는 철학적 성격이 있습니다. 죽음을 생보다 앞서 생각하는 조상들의 지혜로운 철학입니다. 과일의 열매에서도 그런 의미의 발견은 있습니다. 과육은 생명이 있는 동안 살아 있는 사람에게 바치고 그 과일이 죽어 남는 딱딱한 씨가 땅에 묻혀 새로운 생명의 탄생을 기대할 수 있게 합니다. 조상과 나의 관계도 같은 맥락일 것이라는 생각입니다.

우리의 문화는 죽음과 친숙해 있습니다. 소리를 죽이라고 하고, 섹스를 할 때도 절정에 이르면 죽여준다고 합니다. 영화에서도 멋진 장면이 나오면 죽여준다고 합니다. 둘이 먹다가 하나 죽어도 모른다는 말도 있습니다. 바둑이나 장기에는 죽고 죽이는 것이 당연지사요 승부의 요점이 됩니다. 좋을 때도 좋아 죽겠고, 기쁠 때도 기뻐죽겠다고 합니다. 보고 싶어 죽겠고, 미워 죽겠다고 합니다. 옷에 풀이 죽고, 시계가 가다가 죽고, 미운 놈은 항시 죽일 놈이라고 합니다.

뜨거웠던 생명의 계절 여름에는 삼라만상이 생기 가득하고 지구가 푸릅니다. 그러다 9월이 오는 소리 들리면 10월이 바람결에 쇠붙이를 댄 감각으로 다가와 옷 속으로 기어듭니다. 첫눈 내리는 거리를 애인과 함께 걸어가는 낭만의 시간 초겨울이 되기까지에는 우리는 그동안 가을이란 계절의 징검다리 위에서 외투 깃을 끌어올리며 목을 움츠리게 됩니다. 생리학적 움츠림에 앞서 생물학적 죽음의 계절을 생각하게도 됩니다.

가을이 오면 우리들 영혼의 뜰에도 낙엽이 쌓입니다. 그런가 하면 산사의 밤 산과일 열매 떨어지는 소리에 스님이 밤잠을 설치듯, 우리들 영혼의 뜰에는 불이 밝혀집니다. 그리고 밤톨이 상수리와 도토리가 감과 대추씨가 떨어지듯 사유의 뜨락에 생각의 씨가 떨어져 가슴속 대지에 묻힙니다. 그 씨앗을 소중히 간직하면서 사상思想의 나무를 잘 가꾸어 보겠다는 것이 기도하는 자의 마음이요 소망하는 자의 뜻이며, 공부하는 자들의 발원이 됩니다.

죄 있고 없음을 떠나 기도하고 싶은 계절입니다.

가진 것이 없는 사람은 없는 대로, 소유가 넉넉한 사람은 넉넉한 대로, 뭔가를 기도하게 됩니다. 그리고 겸손해지고 싶고 겸허해지고 싶습니다. 생명의 나이테가 더 감기면 감길수록 더욱 절실하게 기도하고 싶습니다. 집이 없는 사람은 집을 구할 수 있게, 길 떠난 사람은 잘 갈 수 있게, 결혼을 못한 사람은 둥지를 틀 수 있게, 경제에 멍이 든 사람은 풀리게, 취업을 못한 사람은 직장을 얻을 수 있게, 나잇값을 못한 사람은 지혜롭게, 시끄러운 사람은 경청할 수 있게, 요양병원에 있는 자에게는 생명의 엽록소를 듬뿍 안을 수 있게 기도하고 싶습니다. 이 가을에.

긴 터널에도 전기가 들어오면

– 기부 미인을 생각하며

엊그제는 소설小雪이었다. 기온은 내려가 없는 가정에서는 난방비 걱정이 앞선다. 나라 사정도 가정 형편도 움츠러들었다. 추위가 오기 전에도 경제는 꽁꽁 얼어붙었었다. 세월은 거칠어지고 생활은 팍팍해졌다. 그런데도 어둠의 끝은 보이지 않는다. 차이코프스키의 '비창'을 듣지 않아도 마음은 '비참'하고 처절해진다.

덕진노인복지관에 갔을 때다. 출입구에서는 '홀로 사는 노인들에게 연탄 사주기 행사 모금'을 하고 있었다. 자세히 보니 "수필창작반"에서 모금해 기부한 액수가 적혀 있었다. 파란 사인펜으로 쓰여 있어 얼른 눈에 들어왔다. 나는 그 아래 칸에 〃를 하고 지폐 몇 장을 내놓고 돌아섰다. 사회 체온을 이런 곳에서라도 느껴보니 다행이구나 싶은 마음과 함께.

지난 12일은 전국 100여 개 사찰 선원에서 2,200여 명의 스님이 겨울 안거에 들어갔다. 우람한 나무 숲 길을 바랑 하나 메고 걸어가는 잿빛 옷의 스님들 뒷모습이 유난히 눈에 띄었다. 모든 것 뒤로 하고 자기 발로 걸어 들어가는 그곳, 거기에서 인간은 무엇을 구하고자 할 것이며, 생각하면서 잊고자 할 것인가.

인간의 뒷모습은 꾸밈이 없다. 얼굴에는 표정이란 게 있어 희비가 나타나 연극 배우같이 순간순간 변함이 있다. 냉장고 투 도어 같은 묘한 감정의 변화를 읽을 수도 있다. 그러나 뒷모습은 꾸밈도 변화도 없는 자기 모습 그대로이다. 그래서 아버지의 뒷모습을 보고 울었던 자식은, 군대 입대할 때의 자신의 뒷모습을 보고 눈물을 훔치는 아버지의 아들이 된다. 앞에서 본 뒷모습은 보이지 않는 실체이다. 보이지 않음은 어둠이다. 그 어둠이 돌아서거나 빛이 비춰질 때는 밝음이 되고 진실이 되며 때론 큰 감동의 순간과 함께 미처 생각지 못했던 깨우침을 동반한다. 그래서 어둠 속일수록 빛과 사랑은 절실하다.

사랑의 열매가 상징인 사회복지공동모금회에 10년간 개인 기부 1위인 자가 무명으로 발표된 바 있다. 그는 5년 동안에 8억 5천만 원을 무명으로 기부했다고 한다. 다음 순위로는 홍명보 장학재단으로 6억 5천만 원이었다. 이러한 돈은 빈곤층과 장애인의 부식비, 의료비, 교육비, 월동난방비, 주택 수리비, 장비 지원 등에 쓴다고 한다. 개인 기부는 1999년 162억 원에서 지난 해 868억 원으로 5배 이상 늘었다. 기업체 기부도 99년 51억 원에서 지난 해는 1,806억

원으로 증가했다. 개인과 기업의 기부 증가는 나눔 문화의 확산이다. 사회 공헌을 생각하며 나보다 이웃을 챙기는 갸륵함이요 거룩한 이웃사랑이다. 인류의 미래에 물기가 번지는 희망적인 우회전이다.

강남에서 식당을 운영하는 윤씨가 있었다. 그는 전직 고위 관료와 정치인, 기업인, 법조인, 연예인 등을 모아서 "다복회"라는 계를 했다. 귀족계였다. 그런데 계주 윤씨가 잠적했다 붙잡혔다고 언론에서는 떠들썩했다. 강남 귀족계의 피해 액은 2,200여억 원이라고 한다. 그리고 계원들은 매달 100만 원에서 250만 원을 곗돈으로 냈다고 한다. 보통사람들 한 달 월급을 곗돈으로 넣은 것이다.

그런가 하면 인기 높은 20대 여자 탤런트는 모델료와 CF음원수익금 전액을 소아암 어린이 돕기에 써달라고 했다. 그리고 '빛고을 장학회' 등에 써줄 것을 희망하면서 꾸준히 번 돈을 사회의 터널인생들에게 기부했다. 얼굴 미인이 마음씨 고운 사람을 못 따라 간다고 한다. 그런데 이 사랑스럽고 자랑스러운 우리의 젊은 여배우는 둘 다 곱고 아름답다. 어린 저 사람이 이렇듯 선행을 할 때 나는 뭘 했는가?를 생각하게도 한다. 그런데 그에게 한 가지 민망한 사건이 있다. 그녀의 이름을 끝내는 밝힐 수밖에 없게 한 네티즌들 그리고 그녀에게 악질적인 글을 올린 불쌍한 인간들과 공존하고 있다는 점이다.

연기자가 되고 싶다는 초등학생 딸에게 그의 부모는 '돈을 많이 벌면 꼭 불우한 사람들과 나눠야 하고, 수입의 일부를 반드시 사회에 환원해야 한다.'는 약속을 받은 뒤 허락했다고 한다. 그의 부모도 문근영도 정말 된 사람들이다. 따뜻한 밥 한 그릇이 그리운 사람들이 이 땅에는 있다. 연탄 한 장에 고마움의 눈물을 흘리는 분들의 생활도 있다. 그들에게는 이 겨울이 길고 긴 터널이 될 것이다.

운전하다 보면 긴 터널을 만날 때가 있다. 그러나 그 터널도 전기가 들어오면 밝아지고 따뜻한 느낌이 든다. 기부문화는 불우한 사람들의 터널 속 삶에 있어 전깃불 같은 가치이다.

남녘의 저녁 연기

남도길– 하면 순창고등학교 장 선생과 몇 번 다녀보았습니다. 그때는 순천과 벌교 쪽 바다 근처의 길이었습니다. 태백산맥에 나오는 지명과 홍교와 산자락과 꼬막의 생산지가 주가 되었지요. 오늘 이 길은 백산산악회의 나무코치와 함께 같은 좌석에 앉아 버스에서 다리까지 쭉 뻗고 편히 갈 수 있습니다.

사람은 어디에 있느냐보다 어디로 가고 있느냐가 중요하고, 어디를 보느냐보다 무엇을 생각하느냐가 더욱 큰 의미를 지니게 됩니다. 그동안 한 십 년 큰 산을 잊고 동네 뒷산이나 오르다가 큰 산사람들과 동행하다 보니 마음이 찔렸습니다. 그러나 '남겨놓고 가기야 하리.'라는 편한 마음은 친아우같이 임의로운 사람들이 있기에 가능했습니다.

남도 땅! 하면 서울에서는 전라도가 되겠지요. 그러나 전북에서 남녘! 하면 전라남도로서 해남이요 땅 끝으로서 토말土末을 생각하게 됩니다. 땅 끝은 육지의 소멸이 아닌데 그곳에서는 뭔가가 끝이 나고 새로운 길이 열리는 것 같은 신비감에 젖을 때가 있었습니다. 알고 보면 산은 강을 건너지 못하고 강은 산을 넘지 않은데 말입니다.

남도 길! 하면 생각나는 시인과 시가 있습니다.

고산 윤선도(1584~1671)입니다. 그리고 그의 산중신곡 중 〈만흥漫興〉의 7번째인

"월출산이 높다더니만 미운 것이 안개로다 / 천왕제일봉을 일시에 가리와라 / 두어라 해 퍼진 휘(뒤)면 안개 아니 거드랴(걷히랴)." 입니다.

월출산 주봉을 간신(안개)들이 가리고 있는데, 밝은 해(聖德)로 곧 제거되리라는 자신의 심사를 표현한 것입니다.

차는 때마침 영암 월출산을 지나 송촌이란 곳에 도달했습니다. 길가 휴게실에는 "축 남전리 김광회 씨의 자 대용 군의 2008학년도 건축사 시험 합격 – 땅끝 장수산악회–"라는 알림막이 크게 걸려 있었습니다. 어디나 사람 사는 곳, 그곳에는 희망의 얼굴, 그 얼굴이 있어 꿈꾸고 축하하고 사랑하고 위해 주며 사는구나 싶었습니다.

미황사 앞에 차를 세우고 일행은 달마산으로 걸어들었습니다. 산은 바위산으로 월출산 · 두륜산 피부를 닮았구나 싶었습니다. 산마

루에 올라서 내려다보니 바위들이 바닷길에서 정상을 향해 기어오르다 신이 "스톱"하니 일제히 제자리에 멈춰 선 자태 같았습니다. 산 품은 가을 속 여름 빛으로 물들었는데 남녘이라서인지 푸른 기운이 승했습니다.

높은 곳의 보너스는 시야가 넓다는 것입니다. 내려다보는 즐거움 그 만족을 위해 산꾼은 산을 짐승같이 기어오르는지도 모릅니다. 산 아래의 땅끝 마을도 완도도 그 어느 부락도 그들은 바다를 마당 삼아 살고 있었습니다. 땅과 물의 화합의 장소 거기에 농촌도 어촌도 또는 우리네 일상도 존재하고 있었습니다. 정상에서의 밥맛은 불편한 장소임에도 아랑곳없이 먹을 맛이었습니다. 끼리끼리 얼굴 맞대고 함께 나눠 먹는 그 마음의 너그러움—, 도박꾼은 상대방의 소유를 자기의 재물로 만들려는 데 목적이 있습니다. 그러나 산꾼들은 서로에게 자기 것을 주려하는 데 있습니다. 그 마음이 곧 자연을 닮은 것이지요. 그러나 한 가지 산에서도 자주성과 자기의 지구력이 있어야 장래성이 보인다는 것입니다.

하산 길, 비닐하우스 옆에는 갓이 짙푸른 기운 속에 가지색을 띠고 무성했습니다. 나무코치는 열심히 뜯어 회우들 회 쌈으로 즐기게 했습니다. 버스를 타고 되돌아오면서 보아도 마을 마을에는 가는 연기뿐이었습니다. 뛰노는 아이들 모습도 보이지 않았습니다. 푸른 밭에는 무 배추를 갈아엎어야 하는 설움이 고여 있었습니다. 지신地神에게 죄스러웠습니다. 내년 농사가 걱정이었습니다.

문둥이 시인 한하운韓何雲은 희망과 죽음의 섬 소록도를 찾아가면서 "가도 가도 붉은 황톳길 / 숨 막히는 더위뿐이더라…" 고 읊었습니다. 지금은 돈이 돌지 않는 땅이 숨 막히게 살기 힘든 땅이 됩니다. 자본주의의 땅 끝인가 싶기도 했습니다. 남녘의 마을 마을에 저녁 연기 하늘로 몽개몽개 피어오를 그 날을 상상하면서 나는 눈을 감았습니다.

설雪다방 이야기

지난날에는 이것저것 모아보는 취미가 있었습니다. 우표 수집도 하고 날아온 엽서와 편지도 소중하게 모았습니다. 한때는 수석을 모은다고 휴일이면 순창 동계며 무주를 가고 남한강을 뒤졌습니다. 난을 키우고 싶은 때도 있었습니다. 지금은 모두 부질없는 일같이 느껴지는데 있어 내가 그만큼 사회적 생명의 중심에서 먼 곳에 와 있는가 싶습니다.

나는 오늘 아침 그동안 모아 둔 성냥갑 주머니를 꺼내보게 되었습니다. 설雪다방이란 성냥갑이 손에 잡혔습니다. 조그마한 직사각형 성냥갑은 짙은 군청색 바탕입니다. 맨 위 좌측 코너에는 눈(雪)을 확대해 놓은 육각형 흰 눈 그림이 한글의 설 다방과 함께 새겨져 있습니다. 아래에는 전화기 모양의 그림이 있고 '84—3300 / 82—

3231'의 전화번호가 적혀있습니다.

그때는 전화를 사고팔았습니다. 전화국에 전화 설치를 해달라고 신고하고 일정 기간 기다려야 했습니다. 바쁘고 여유가 있는 사람은 백색전화라고 하여 현금을 주고 사서 당장 설치할 수 있었습니다. 가정과 회사에 전화가 몇 대 있으며 번호가 얼마나 외우기 좋으냐에 따라서 사회의 지위와 세도를 나타내기도 했습니다. 자동차 번호판도 마찬가지였습니다.

성냥갑은 영빈갈비 · 진미반점 · 카멜레온 · 기분전환 등등이 있습니다. 일본에 갔을 때 수집한 '엄마 찾아 삼만 리'란 것도 있습니다. 크기와 빛과 글씨체와 그림에서 당시의 분위기와 사람들 인상이 떠오릅니다. 가고 없는 사람의 얼굴도 성냥갑 면에는 남아 있습니다.

설 다방은 지금 전주우체국에서 성미당으로 가는 골목 오른켠에 있었습니다. 30여 년 전의 사회상이고 그림입니다. 다방 마담은 지금의 아가씨들같이 S라인은 아니었지만 약간 마른 체구에 상류 사회의 풍이 풍기는 야무진 얼굴미인이었습니다. 그 당시 전주에서 이름 높고 재력이 튼튼한 사람들, 지위가 높은 이들을 많이 알고 지낸다는 소문이 있었습니다. 그 다방은 도청에서 가까웠습니다. 사리문 다방보다는 멀었지만 그래도 가까운 편이었습니다. 그래서인지 고급 공무원 출입도 많았고 언론인 법조인 교육계의 인사와 사업가들의 모습이며 예술인들의 얼굴도 쉽게 볼 수 있었습니다.

처음으로 내가 설 다방에 갔을 때는 그랬습니다. 관촌에서 한약

방을 경영하시던 외숙께서 데리고 갔습니다. 전주로의 나의 이민생활은 초기에 힘들기만 했을 때였지요. 외숙은 '젊은 놈 얼굴이 뭐냐. 힘내라! 살면 다 살아진다.'면서 안타까워 하셨습니다. 속으로 울었습니다. 죄스럽고 민망했습니다. 어머님께도 마찬가지였습니다. 외숙은 나를 데리고 나가서 설렁탕을 사주면서 많이 먹으라고 하셨습니다. 힘내라는 것이지요. 그것으로 외숙과의 다방 출입과 음식점에서의 대화는 끝이었습니다.

지금은 내가 외숙 나이가 되어 있습니다. 내가 젊은 후배 시민을 위로해야 할 인생의 계절인 것입니다. 그런데 그럴 만한 인간관계도 흔치 않지만, 마땅히 갈 만한 다방도 없습니다. 역 앞 다방이나 어디 한 곳 다방이 있으면 눈이 번쩍 띄는데 가보면 지하실 습기찬 곳으로서 사람도 없고 대화도 없습니다. 다방에 가야 담배 피우는 사람도 별로 없지만 성냥 대신 가스라이터가 텃새를 부리고 있는지가 오래되었습니다.

문화도 앞 문화는 뒤의 문화에 의해 밀려갑니다. 모든 생명은 정지해 있지 못합니다. 뒤의 파도에 의해 앞 파도는 밀려가듯 가는 것이지요. 그래서 인간은 허무의 벽에 머리를 부딪히며 나는 누구냐고 절규하는 것이지요. 은행 지점은 많은데 다방은 줄어들어 보기 힘듭니다. 돈이 되는 일과 장소는 많아졌습니다. 그러나 삶의 허리끈을 풀고 대화할 공간은 없습니다. 진실과 눈물을 담아서 귀에 대고 의논했던 정다운 자리는 없어지고 소란스러운 노래방과 PC방과 술집만 늘었습니다.

나는 지금 옛날 백색전화 같은 손전화를 가지고 다닙니다. 참으로 행복한 세상에서 성냥갑을 가져왔던 옛 다방을 추억하고 있습니다. 술보다는 차를 마시며 위로하고픈 후배가 있어도 마땅한 곳이 없다는 생각이 불현듯이 들었기 때문입니다.

수레를 끄는 소처럼

살포시 눈을 떴습니다. 별다른 생각 없이 자리에서 일어나 밖으로 나갔습니다. 큰 교회의 계단에는 '미끄럼 주의'라고 써 논 뒤 신문지를 깔아놓았습니다. 성전은 굳게 닫혀 있었습니다. 아무리 밀고 당겨보아도 열리지 않는 문이었습니다. 옆 청년부 학생들이 이용하는 건물로 들어갔습니다. 긴 나무 의자에 앉았습니다. 두 손 모아 기도했습니다. 기축년己丑年 새해 첫 머리의 시간은 이렇게 쓰이어졌습니다.

마음과 몸을 정갈하게 하고 싶었습니다.

목욕탕으로 갔습니다. 탕 안에서 30여 분 동안 앉아 땀 흘리며 묵상했습니다. 이른 아침 맑은 물은 바닥의 그림을 그대로 드러내 비춰주었습니다. 그리고 조용한 실내 분위기가 생각의 초점을 모으는 데 방해가 되지 않아 좋았습니다. 월별로 먼 길 떠날 것도 챙겨 보고 그리운 사람도 몇 명 생각해 보았습니다. 편지를 보내야 할 10여 명의 인사도 떠올랐습니다.

생각해 보니 이 시대에 우리는 눈가리개를 한 경주마나 브레이크 없는 자동차같이 질주해 왔다는 생각이 들었습니다. 앞만 보고 물질만 생각하면서요. 이제는 눈가리개를 벗고 브레이크를 밟고 물질 살림에서 정신살림으로의 시간이 필요한 때인 것 같다는 생각이 따랐습니다.

전북매일신문 가족 여러분!

기축년 소해의 첫날이 밝았습니다. 복 많이 받으십시오. 아니 복을 짓고(作), 복을 부르(招福)는 일을 많이 합시다. 그리하여 행복하시기를 먼저 소원합니다.

2009년, 금년에는 많은 사람들이 어려울 것이라고 합니다. 나라 구석구석에서 신음 소리가 들립니다. 나라의 경제는 중병이 겹친 환자같이 된 것 같습니다. 경제만은 자신 있다고 경제 대통령이 되겠다고 하여 표를 많이 얻어 대통령이 된 분이 지금 MB 대통령입니다. 그 무렵 나는 모악카페에 〈한번 찍고 5년 후회할 것인가〉라는 칼럼을 썼습니다. 그리고 대통령은 취임을 했고 미국을 다녀왔습니다. 그 뒤 촛불시위는 붉은 물결 같은 밤바다를 이뤘습니다.

광화문 일대가 촛불로 타고 있을 때의 6월 10일 대통령은 청와대 뒷산에 올라가 끝없이 이어진 촛불을 바라보면서 국민들이 부르는 〈아침이슬〉 노래를 들었다고 했습니다. 그리고 국민을 편안하게 모시지 못한 자신을 돌아보았다고 했습니다. 그런데 지금도 뭔가 모를 불안과 불편함이 소의 해를 살아가기에 힘들 것 같다는 예감입니다.

오래 전 사람들은 벼락이 쳐서 산불이 일어나거나 화산 폭발로 불이 생겼을 때 불씨를 받아다가 동굴에 보존했다고 합니다. 그리고 마침내는 마찰열을 이용해 불을 피우는 방법을 알아냈습니다. 또한 들소를 길들여 함께 생활하는 지혜로 인해 도구를 사용하고 언어를 만들어 의사를 소통하면서 무섭게 진보하고 발전하는 문명을 일구어냈습니다.

소는 외양간에서 독방을 썼습니다. 아버지는 새벽에 쇠죽을 끓였고 소는 그 옆에서 쇠방울(요령) 소리를 내면서 주인에게 감사의 표현을 전하며 되새김질을 했습니다. 소가 재산 목록 1호인 때가 있었습니다. ≪팔려가는 소≫란 동화책을 읽고 밤새 눈이 퉁퉁 붓도록 울던 시절도 있었습니다. 소 달구지 타고 가던 재미가 깨소금 같던 시절도 있었습니다.

그런데 재 너머 사래 긴 밭을 갈고, 가을갈이 하던 황소가 어느 새인가 병아리가 양계장에 갇히듯 비육우 사육장에 갇히더니, 인간은 아파트에 갇히고 나와서는 자동차에 갇히고 방에서는 컴퓨터 창에 갇혀 비육우 신세를 닮아갔습니다. 마침내는 땀 흘리지 않고 수학적 두뇌만을 굴리고 계산만 따져 남의 돈을 내 구좌에 입금시키고자 하다가 세기적인 경제공황을 맞게 되었습니다. 몸을 움직이지 않고 잔머리 굴리고, 인간과 덕과 인자함을 외면하고 돈만 불리려고 하다가 이 지경이 되었습니다. 인구 수에 비해 세계적으로 우리 나라같이 경제학 박사가 많은 나라가 없다고 합니다. 그런데 불황을 타개할 묘책이나 해결 방안을 내놓은 사람은 없습니다.

이광수 씨 〈소의 덕(牛德頌)〉이 생각납니다.

모양도 인자하고 외양간에서 홀로 누워서 밤새도록 슬금슬금 되새김질하는 양은 성인이 천하의 일을 근심하는 듯하여 좋고, 장난꾼 아이놈의 손에 고삐를 끌리어서 순순히 걸어가는 모양은 예수께서 십자가를 지고 가시는 것 같아서 거룩하고…. 그가 사람을 위해 무거운 멍에를 메고 밭을 갈아 넘기는 것이나 짐을 지고 가는 양이 거룩한 애국자나 종교가가 창생을 위하여 몸을 바치는 것 같아서 눈물이 나도록 고맙다는－.

부富와 인내와 성실의 상징인 소의 해입니다. 소와 같이 선한 눈매로, 그 인내로, 침묵으로, 수레를 끄는 숙명으로 한 해를 살아갑시다. 수레가 잘 굴러가지 않거나 멈췄을 때는 소에게 채찍을 해서 가도록 합시다. 지금 누구처럼 수레를 때리고 있어서는 안 됩니다. 소가 수레를 끌고 가듯이 각자 스스로의 슬기로운 운명의 한 해가 되었으면 좋겠습니다. 나는 나의 운명을 끄는 가정의 소가 되고, 사장님은 회사라는 수레를 끌고 가는 소가 되고, 군수는 군정이라는 수레를 끌고 가는 소가 되고, 도지사는 도정의 수레를 끌고 가는 소가 되어야겠습니다. 참으로 건강하고 욕심 없는 소가 되어 희망의 저 언덕을 넘어 갑시다. 우리 함께.

소띠 해에 태어난 사람들

내가 두 번 찾아간 백두산 정상에서 나는 행운아인가 하는 생각을 머금게 되었습니다. 등소평도 몇 번 다녀가면서 좀처럼 천지를 볼 수 없었다고 들었고, 관광객도 행운이 있어야 백두산에서 천지를 볼 수 있다고 했습니다. 그런데 나는 두 번 찾아갔는데 그때마다 하늘의 시심이 담긴 천국의 못(池)을 고운 자태 그대로 볼 수 있었기 때문입니다.

백두산은 6월이 초봄입니다. 그때가 되어서야 눈이 녹고 꽃이 피어납니다. 일본인이 만든 지프는 사람을 실어다 백두산 정상 가까이 내리게 합니다. 그러면 사람들은 바삐 천지를 볼 마음으로 달리기하듯 백두산 정상의 자갈밭 오름길을 달려갑니다. 그때 나는 산자락에 피어 있는 두메양귀비 꽃들을 보고 눈물이 글썽거려졌습니다. 작지만 풍만한 꽃잎들이 높은 산바람에 부대끼듯 흔들리고 있었습니다. 순간 꽃 이름과 꽃말은? 하는 생각이 들었습니다. 꽃과 내가 꼭 만나야 할 운명학적 인연이 있는 것 같았습니다. 나중에 그 꽃 이름은 알아냈습니다. 한국야생화연구소 김태정 소장의 글과 사진에서였습니다.

백두산 천지를 배알하고 내려오면서 나는 김좌진金佐鎭(1889~1930) 장군을 생각했습니다. 조국 광복에 40평생을 바친 그분, 백야白冶 장군은 상해에 임시정부가 수립될 때 북로군정서군北路軍政署軍의 장군이 됩니다. 그리고 1920년 10월 청산리靑山里대첩에서 일본군을 섬멸한 통쾌한 조상입니다. 그분이 말을 타고 "일송정 푸른 솔은 늙어 늙어 갔지만…." 하고 읊조리면서 카이저(kaiser)수염 기른 위엄스런 얼굴과 레이저광선 같은 눈빛을 쏘아대면서 일본군을 찾아 저 꽃피는 정상을 오르내렸을 것이란 생각을 하게 된 까닭입니다.

조선시대에는 27명의 왕이 살다 갔습니다. 그 왕들 중 단 한 분 세종대왕과 집현전만은 이해하고 존경하고 싶었습니다. 세종대왕이 아니었다면 신문과 나의 글은 물론 모악카페도 문패를 달 수 없었을 것입니다. 인문주의와 문화예술을 우선으로 생각했던 병약한 그 임금 덕으로 나는 이렇게 내 심사를 그리고 있습니다.

내 얼굴에 살이 내리면 백성들의 삶이 부드러울 것이고, 내 몸에 살이 찌면 백성을 생각하는 내 마음이 게을러진 탓이라고 하면서, 그는 1419년(세종 1년) 어진 학자들을 모아 일을 하게 하는 집현전

集賢殿을 신설합니다. 그곳에서는 일차적으로 천문 · 기상 · 농사에 대한 지식과 문풍文風을 진흥시키게 합니다. 그리고 1456년 세조에 의해 폐지될 때까지 임금에 대한 고문 역할, 학문의 연구, 각종 서적의 편찬, 도서의 구입, 정리, 자료 제공을 담당한 기구로서 조선 초기 정치와 문화 전반에 걸쳐 커다란 영향을 미치는 데 공헌했습니다. 이런 임금이 조선시대 열 명만 있었으면 나라꼴이 이 모양은 아니었을 것입니다.

원효대사는 신라의 승려입니다. 속성은 설薛씨지요. 설총의 아버지입니다. 그는 661년 의상과 당나라로 유학길을 떠났습니다. 그리고 당항성南陽에 이르러 오래된 무덤 안에서 잠을 자다가 잠결에 목이 말라 마신 물이 해골에 괸 물임을 알게 됩니다. 그 후 그는 모든 것이 마음에 달렸지 사물 자체에는 정淨도 부정不淨도 없다고 깨닫게 됩니다. 그 길로 돌아와 그는 분황사에서 독자적으로 통불교通佛教를 제창 불교의 대중화와 근대화에 크게 이바지합니다.

최치원(857~?)은 신라시대 학자입니다. 자는 고운孤雲으로서 869년 13세로 당나라로 유학, 874년 과거에 급제합니다. 높은 벼슬에 올라 국위를 선양하다가 879년 황소의 난 때는 토황소격문討黃巢檄文을 써 문장가로 크게 이름을 날리는 수재였습니다. 저서로는 ≪계원필경≫ · ≪중산복궤집≫ · ≪석순응전≫이 있습니다.

이런 분들이 소띠 해에 태어난 인물이요 조상입니다. 외국 사람으로서는 히틀러와 나폴레옹도 있습니다. 그리고 우리 집에는 아내와 둘째아들이 소띠입니다. 소띠 해에 태어난 국내 인물들을 존경할 수 있어 다행입니다. 금년에 태어날 아기들에게 특별한 관심과 애정이 가는 까닭도 여기에 있습니다. 조국의 미래를 생각해 봅니다. 소는 믿고 살아도 종은 못 믿고 산다는 말도 있습니다.

제5부 비빔밥의 꿈

매화 눈트는 이 아침에

향불 피워 책상머리 위에 얹으니 매향梅香 생각이 간절해진다.

건국대학교에 있는 정기웅 교수가 전주대학교에서 재직하고 있을 때이다. 그 당시 정 교수는 어떤 뜻에서이었는지 매화 그림 한 점을 내게 선물했다. 늙은 노매에 몇 송이 꽃이 핀 그림이었다. 뿌리 부분의 그루터기며 줄기가 예사롭지 않은 매화도였다. 그런데 그 그림을 나는 서울 사는 조카가 새 집을 장만했다기에 아낌없이 주고 말았다. 그리고서 오늘 아침 나는 그 그림을 생각하며 못내 아쉬워하고 있다. 그 그림을 받을 때보다 많은 세월을 보낸 아쉬움인가 아니면 노매老梅의 세월을 생각해 보며 그 일생과 의미며 향이며 의취며 기개를 생각할 생명의 띠에 와 있는 것인가.

건지산을 걷기 위해 기린원 근처 과수원길을 가면서 보았다. 어젯밤 비에 젖어 눈트는 매화나무 가지 끝 부분의 매화를, 쌀알 크기만 하게 부풀어 오른 꽃망울은 실눈보다 조금 크게 꽃껍질花皮을 쪼개 피어나고 있었다. 안으로는 연붉은 꽃잎이 보일 듯 말 듯했다. 그런데 저렇듯 여리고 보드랍고 아련한 꽃잎 속으로 빗물이 스민다면 쓰리지 않을까 하는 생각이 들었다. 서둘러 오신 화신이요 이 땅의 고운 임처럼 바삐 오신 꽃잎이 아침 비에 젖고 있다는 생각이었다. 매화는 꽃망울을 터트리려고 화피가 째지는 아픔을 견디었는데 나는 어젯밤 편한 잠결이었구나–, 자연이라고 아픔이 없고 추위가 없으며 시절 감각이 없겠는가 하는 마음이기도 했다.

매화는 3,000년 전 중국을 원산지로 한국에 전해졌다. 이어서 일본으로 건너갔지만 문화적 의미와 함축된 뜻은 다르다. 우리나라에서는 절개와 금욕의 상징으로 선비 정신을 나타내는 데 있어 으뜸의 꽃이 된다. 그런데 일본에서의 홍매는 성적인 상징적 의미가 있다고 한다. 매화의 원산지인 중국에서는 중국의 꽃이라고 하면서 약용으로 그 매실이 일찍부터 애용되어 왔다고 한다. 그래서 중국 · 한국 · 일본을 매화권 문화라고 하기도 한다.

매화는 겨울 언 땅에서 피어나는 강인함만 있는 게 아니다. 역사와 사회 그 모진 한파에 시달려온 동북아시아인의 가슴속에서 매화꽃은 늘 향기롭게 피어났다. 그리고 그 꽃은 희망의 등불 되어 미래의 평등사상을 그리워하게도 했다. 그리하여 우리에게 ≪일지매≫ 같은 소설을 탄생시키고 이매창 같은 여인의 시심과 절개를 길러냈다.

매화만큼 시가 되고 소설이 되고 도자기가 되며 종교적 이념과 믿음의 대상이 된 꽃도 드물다. 고난의 추위 속에서도 향을 팔지 않음(賣香)의 꽃으로서 우러름이 컸다. 그 힘이 이 땅의 생명들에게 '어려운 환경 속에서도 굴하지 않고 삶을 살아가게 한' 사군자 정신이 되었고 고결한 삶의 대숲이 되어 주었다.

연꽃은 불교에서 상징적 의미로 삼고 백합은 기독교에서 순결을 힘주어 말하듯, 매화는 유교를 상징한다고 볼 수 있다. 유교는 오늘날 학문하는 사람들의 정신일 수 있으며 밥보다 뜻을 중히 여기는 이들의 철학일 수 있다. 그리고 오래 전부터 청빈 속에서 깐깐하게 살아가는 선비의 기개요, 눈발 속에서도 몰래 풍기는 매향은 군자의 덕이라고 하여 그들의 정신적인 꽃이요 눈이 되어 주었다. 또한 그 사람들 시의 제목이 되고 세한삼우라 하여 벗이 되어 붓 끝 그림이 되었다. 그리하여 일상생활 속에서 문화의 중심이 되어 주었다. 그리고 선비는 이른 봄 겨울 끝 매화를 찾아나섰고 여인들은 매화잠이라는 비녀를 머리에 얹고 살았다. 그 결과 매화는 남성 가운데 가장 고아한 품격을 지닌 존재요 여성 가운데 가장 아름다운 존재로 여기게 되었다.

퇴계 이황李滉은 자신을 참으로 매화를 아는 사람(眞知梅者)라고 할 만큼 매화를 몹시 사랑했다고 전한다. 그는 절우단節友壇을 만들어 백 그루 매화를 심어놓고 매화가 필 때면 매화나무 주위를 맴돌았고 달 아래서 매화를 감상할 때면 한기가 들 것을 염려하여 스스로 고안해 만든 도자기 의자에 숯불을 피워놓고 밤새 떠날 줄 몰랐다고 한다.

뜰을 거니노라니 달이 사람을 / 매화꽃 언저리를 몇 번이나 돌았던

고. / 밤 깊도록 오래 앉아 일어나기를 잊었더니 / 옷 가득 향기 스미고 달그림자 몸에 닿네.

세상 떠나던 날 아침에 "매화분에 물을 주라."고 유언처럼 남긴 그의 시다.

글과 그림의 주제도 그렇고 꽃과 음악도 영혼의 세월 따라 보고 싶고 찾고 싶고 즐겨하고 싶은 때가 있나 보다. 오늘 아침 향을 사르며 문득 매화를 생각하게 된다.

기축己丑년의 워낭 소리

우리나라 말은 서울 살던 사람들의 상류층 언어를 표준어로 삼았다. 그게 아니고 전라북도에 사는 보통사람들의 언어를 표준어로 삼았다면 지금의 워낭 소리는 "핑경 소리"가 되었을 것이다. 주갑동 씨의 저서 ≪전라도 방언 사전≫을 보면 '핑경'은 '풍경'으로 되어 있다. 이것을 국어사전에서 찾아보면 "풍경風磬"으로서 '처마 끝에 달아 바람에 흔들려 소리가 나게 하는 경쇠'로 되어 있다. 나는 풍경을 핑경으로 알고 어린 시절을 시골에서 보냈다. 그리고 한참 커서 절집 처마 끝에 귀고리같이 매달려 있는 쇠방울 같은 것이 풍경임을 알게 되었다.

워낭이면 어떻고 핑경이면 어떠하며 쇠방울이면 어떤가! 그것을 소리나게 하는 소의 역할, 바람의 율동 그것이 문제요 듣는 이의 느낌 세계가 중요한 것 아닌가. 45회 백상예술 대상에서 이충렬 씨에게 감독상을 안겨준 〈워낭 소리〉는 그동안 우리의 매스컴에서 널리 다루어 왔다. 그래서였을까 호기심 반 그리움 반으로 극장으로 발길을 옮겼다. 독립영화로서 전주에서는 한곳에서만 상영되고 있었다. 그것도 오후 5시 이후부터였다. 큰맘먹고 두 번째 발걸음에 의해 책 한 권 값을 주고 티켓을 끊었다.

제작비의 30배가 넘게 수익을 올리고 있는 영화 〈워낭 소리〉는 길을 가는 소의 발목과 굽만 한동안 보여줬다. 소의 발과 굽에서는 많을 세월을 이 걸음으로 살아왔다는 느린 운율의 함성이 배어 있었다. 영화 전편을 통과하는 화두요 화제를 제시하는 것 같았다. 농가 부모님 같은 주인공으로서의 서툰 배우 최원준(80세) 씨의 모습도 그렇게 서서히 드러났다. 햇볕에 그을리고 삶에 쩌들고 한 다리가 자유롭지 못한 그가 수레를 탈 수밖에 없는 사연도 서려 있었다.

엉덩이에 쇠똥이 덕지덕지 붙어 있는 소 또한 80줄 생명 길에 있는 노인과 40년을 살았다고 한다. 그리고 최 노인 옆 수레에는 오래 된 라디오가 걸려 있다. 그의 문화적 상징처럼. 주인공이 다리가 불편해 비가 온다 해도 뛸 수 없듯, 소 역시 40평생 쇠잔해져 속도와는 거리가 멀었다. 숨 쉬기도 힘든 것이다. 문명의 이단아! 소외된 생명의 본질, 그리고 자연 속에서 철저한 자연주의로서의 무공해의 삶은 그들의 피부를 불 먹은 쇠붙이 같게 만들었다. 피곤이 생명의 길이요 고생이 문화이며 철저히 외면당한 농가생활이었다. 이것이 곧 우리 민족 삶의 본적지요 원형이었음을 워낭은 소리로서 웅변하고 있었다.

늙은 소는 워낭을 양쪽에 단 것도 아니다. 오직 하나 턱주가리 아래에 달았다. 그리고 죽어가는 보법대로, 힘든 소의 발걸음대로 잊어버릴 만하면 딸랑!– 생명이 떠나가는 음정같이 딸랑! 소리를 냈다. 머슴 생활 8년으로 가정을 이루고 9남매 교육시켜 독립시킨 할아버지의 삶– 소를 팔겠다고 할 때의 소의 눈물! 눈가 근육의 움직임– 간간이 들려오는 소쩍새 울음소리, 개구리의 소리도 한 몫 거드는 배경 음악이요 분위기의 협찬이었다. 그리고 침묵으로 일관한 최씨의 모습에서는 이 땅에 마지막 남은 농민군인가 싶은 생각이 들게 했다.

생명이 떠나간 육체가 되어 소가 일어서지 못하고 있을 때, 달려온 수의사는 말한다. '다 됐네요– 마음의 준비를 하세요.'라고. 할아버지는 말 없이 코뚜레를 낫으로 끊어준다. 그리고 '우리 같이 가면 좋은데.'라고 혼잣말을 한다. 소를 땅에 묻을 때 부인은 소에게 한 통의 막걸리를 따라 준다. 평소에도 소가 먹던 술이다. 소를 잃은 노인은 고목나무 아래서 일어설 줄 모른다. 양 손을 모아 그 안에 워낭을 놓고 하염없이 바라본다.

77세 이삼순 할머니가 무성영화의 변사 역할을 해낸다. 그분 입담이 영화를 살찌운다. 고향에 목 마르고 자본주의에 정나미가 떨어진 사람들이 그리워하는 추억의 그곳, 심장 뛰는 소리 편안히 듣고 싶은 그리고 느린 워낭 소리가 있는 그곳에는 지금 갑자기 찾아드는 사람들로 멀미를 앓고 있다고 한다. 입소문이 나고 돈이 되겠다 싶으면 그냥 두지 않는 사람들로 인해 부대끼는 사람이 한둘이 아니라고 한다.

2000년 TV방송국의 휴먼 다큐멘터리 프로그램에 '산골 소녀 영자'였던 그는 유명세로 인해 파란만장한 삶을 살다 지금은 스물일곱 나이로 스님이 되어 있다고 한다. 워낭 소리 그대로 느릿느릿 자기 세계를 천국으로 알고 사는 게 그들만의 생명길이요 자연과의 감응적 삶이 아니겠는가 싶다.

가까운 이웃과 마음의 이웃

아침 식탁에 미나리무침과 쑥국이 올라왔다. 어젯밤 술속이 아니었어도 미나리의 신선감이 눈길에 반갑다. 푸른 기운이 시선을 통해 몸 안으로 들어오는 기분이다. 한 젓가락 입 안에 넣고 천천히 씹어본다. '봄 미나리 살찐 맛을 임에게…'라는 노래가 떠오른다. 연하게 씹히는 맛과 담백한 감미가 목울대를 넘는다. 이것이 봄 냄새요 계절의 진미라면 분명 나는 그 맛과 냄새를 맛본 것이다.

쑥국 또한 별미다. 시절 음식으로서 씁쓰레하고 쌉쌀한 맛이 혀에 앵긴다. 채근담에서였던가, 단 음식은 뼈를 녹게 하고 쓴 음식은 몸을 단단하게 한다고. 오늘 아침 식탁은 훌륭했고 획기적이었다는 생각을 하게 된다.

"겨울날 따뜻한 햇볕을 임 계신 곳에 비추어 드리고져,

살찐 봄 미나리 맛을 임에게 올리고 싶음이여,
님이야 무엇이 없을까마는 잊지 못해 올리는도다."
작가 미상의 시상을 가슴속에 그려본다.

그런가 하면, 선조 4년(1571) 전라감사로 부임한 유희춘이 읊었다는 전주 미나리 예찬의 시조도 살포시 떠오른다.

"미나리 한 떨기를 캐어서 씻우이다
년대 아니야 우리 님께 받자오이다
맛이야 긴치 아니커니와 다시 씹어 보소서—"

맛이 귀하지 않고 시원치 않다고 생각되면 다시 씹어 재음미하라는 강조의 뜻이 새롭다.

동의보감에 보면 미나리는 황달병이나 부인병, 음주 후의 두통이나 구토 그리고 고혈압 · 심장병 · 위장병에 좋다고 했다. 미나리를 데쳐서 편육이나 제육을 감아서 초고추장에 찍어 먹으면 입안의 향기도 좋고 술속에도 좋다고 했다. 최승범 시인의 ≪풍미산책≫에는 〈미나리 · 불미나리회〉편이 있다. 그리고 거기에는 '장다리 한철, 미나리 사철'이란 말이 있듯, 미나리는 언제 먹어도 좋다고 했다.

내가 전주로 이사와 생활할 당시만 해도 용머리고개 지나 효자동엔 미나리꽝이 있었다. 그리고 친구 아버지는 미나리꽝의 논을 샀다고 했다. 80년대 초 전주대학교에 출퇴근 할 때에는 덕진고등학교 근처에는 자림원이 있었다. 그리고 그 길에서 멀지 않는 곳은 온통 미나리꽝이었다. 그 미나리꽝에서는 추운 겨울에도 얼음장을 깨고 들어가 고무로 된 옷을 입고 시골 분들이 미나리를 캐고 묶어

차로 실어가던 것을 쉽게 볼 수 있었다. 그런데 지금은 미나리꽝이 많았던 그 지역은 4차선 길이 나고 교회가 들어서고 멀지 않은 곳에는 경찰청이 버티고 서 있다.

≪동국세시기≫란 옛 책을 보면, 5월 단오에 임금은 쑥으로 만든 호랑이를 규장각의 신하에게 하사했다고 되어 있다. 호랑이는 그릇된 기(邪氣)를 누를 수 있는 맹수여서 그랬다는 것이다. 그리고 단옷날 오시에 뜯은 약쑥을 사립문에 걸거나 말린 것을 식욕이 없을 때 쓴 것도 벽사의 뜻이었다고 한다.

지금 살고 있는 아파트에서 15년 넘게 살고 있다. 그런데 처음 이사 올 때 인사하고 지낸 분들은 거의 없다. 상냥했던 통장 아주머니는 고시 합격한 딸을 따라 서울로 갔다. 그리고 많은 사람들이 새 아파트로 옮겨갔다. 그래서 이웃이 낯설기는 마찬가지고 늘 새 사람들을 만난 것 같다. 거리상 공간상으로야 출입문 하나 사이요 벽 하나 차이지만, 오랜 남이요 앞으로도 이웃이란 보장이 없을 것 같다.

자식도 직장 따라 헤어지게 되고 부부는 방과 방으로 나뉘고 취향 따라 거리감이 생긴다. 형제도 자매도 자기 길 따라 큰 도시로 떠나가고 외국으로 가서 어쩌다 생각나면 전화 한 통이면 끝이다. 사람살이가 자꾸자꾸 외로워져 간다는 데 문제가 있다. 경제 위기보다 인간 소외 위기가 더 문제이다. 정을 주고받을 수 있는 "마음의 이웃"이 진정 그리운 것이다.

그런데 효자동에 살면서 호성동에 살고 있는 내게 미나리와 쑥을 선물해 준 홍 선생이란 분이 있어 그 마음이 더욱 깊고 그윽해 보인다. 그분은 내게 미나리 선물을 통해 마음의 이웃을 생각하게 해 준 것이다. 그리고 스스로에게 묻게 한다. 당신은 진정 누구에게 "마음의 이웃"이 되고 있느냐고.

비빔밥의 꿈

지난 주에는 어린이날과 어버이날이 있었습니다. 그래서 나는 서울에 살고 있는 손자와 휴대폰으로 화상통화를 했습니다. 큰손자가 얼굴을 내밀고 '할아버지 사랑해요.' 하니까, 곁에 있던 둘째 손녀도 얼굴을 디밀고 '하부지– 하부지.' 했습니다. 휴대폰에는 손자들의 표정이 있어 보고 말할 수 있기에 즐거웠습니다. 행복한 시대에 살고 있다는 생각이었습니다.

전화가 끝난 뒤 나는 한동안 생각에 잠겼습니다. 손자를 직접 보지 못해 아쉬웠지만 그래도 보고픈 마음 어느 정도는 해소가 된 것 같았습니다. 이게 누구의 덕인가? 싶었습니다. 세상이 참 좋아졌다는 생각이었습니다. 우리나라 기술진에 대한 고마운 마음에 젊은이들의 눈동자가 떠오르기도 했습니다.

미국과 유럽 등지에서는 우리가 만든 차를 타고 가면서 우리 제품인 휴대폰으로 통화를 하는 외국인이 많다고 합니다. 이 얼마나 가슴 벅찬 일입니까. '88올림픽 + 월드컵 축구의 4강 진출 + 야구의 우수한 실력 + 김연아의 세계적인 기록 + 세계 최고의 전자산업 = 최강의 한국인, 신뢰의 코리아, 세계화의 일꾼' 등으로 이어지는 것입니다. 그런데 여기에 먹칠을 하며 재를 뿌리는 안티(anti)족이 있습니다. 법정으로 끌려가는 전직 대통령이요 더럽고 추한 모습을 연출해 세계인에게 알 수 없는 나라라고 비웃음을 사게 한 폭력 의원들입니다.

휴대전화(손전화)! 이 기계의 정체가 도대체 뭔가?

전화는 전화인데 이것으로 문자도 보내고, 전화번호도 저장하고, 캘린더도 있고, 스케줄 관리도 되고, 사진도 촬영할 수 있고, 인터넷도 하고, TV 프로도 보고, 금융업무도 보고, 시도 저장하고…. 안 되는 게 없는 것 같았습니다. 결론은 바로 기술의 비빔밥이었습니다. 그리고 과학기술의 한류였습니다. 순간 이 고장 비빔밥이 떠올랐습니다. 따로따로의 식재료가 섞어지고 융합되어 하나의 음식문화로 탄생된 것, 그것이 비빔문화였습니다. 생각해 보면 미국의 인종문화가 그렇고 다문화 가정 세계와 사회가 그런 것이었습니다.

전주의 비빔밥은 음식문화의 꽃입니다.

유기그릇에 차려 놓은 비빔밥을 보면 밥(흰색) 고추장(붉은색) 시금치(녹색) 상추(초록) 표고버섯(회갈색) 은행과 계란(황색) 사이사이의 참기름 등을 보고 있으면 꽃박람회장의 꽃마당을 보고 있는 느낌입니다. 먹어서 배를 채운다는 것보다는 한 편의 작품 감상에 따른 정서적 영혼의 충족감에 따른 즐거움이 앞섭니다.

비빔밥은 퓨전(Fusion)문화의 상징입니다. 혼합이요 어우러짐입니다. 음악에 어울림음이 있고 그 음정이 있듯, 각자의 맛을 서로에게 연결시켜 어우러지면서 비빔밥이란 독특한 맛과 향이 어린 영양을 빚어냅니다. 그 에너지가 논 갈고 밭 갈고 김매고 추수하게 하는 농경문화의 모탕을 이루어 왔습니다. 그리고 오늘날 휴대폰을 만들어낼 수 있는 기초적 에너지가 되었습니다. 비빔밥은 음악으로서의 오케스트라와 뮤지컬을 생각할 수 있게 합니다. 사물놀이 역시 꽹과리 · 징 · 북 · 장구가 제 몫의 시간대에 정확한 톤으로 어울려 줌으로써 신명을 자아내게 합니다.

비빔밥은 그 재료의 다양성과 정성이 근간입니다. 그리고 토착지역에서 거둬들이는 순수한 재료가 생명입니다. 예를 든다면 궁중요리 솜씨를 이어받은 분이, 김제의 기름진 쌀과, 장수의 쇠고기 육회, 순창의 고추장, 곰소의 젓갈, 무주의 고사리, 봉동의 생강, 5년 이상 묵은 간장 등 전북의 여러 고장에서 생산된 특급 상품을 구해서 맑은 물로 씻고 쇠뼈 국물로 밥을 지어 빚은 총체적인 문화음식입니다. 땅과 하늘과 사람이 빚은 광의적인 음식입니다. 이 문화가 어찌 하루 이틀 사이에 성숙되고 완성되어 미각의 으뜸으로 자리매김했겠습니까.

최초로 우주비행에 성공한 이소연 씨가 우주로 날아갈 때 이 고장의 한지와 정읍방사성연구소에서 만든 우주식품을 가져갔습니다. 이제 비빔밥은 세계인이 즐기는 기내식이 되고, 각 나라의 현지인들이 즐겨 먹는 음식으로 각광받고 있습니다. 따라서 비빔밥의 꿈이 생겼습니다. 그것은 세계인 모두가 한결같이 우리의 국산 차를 타면서 국내산 휴대폰을 이용하듯 때가 되면 비빔밥을 먹고 생활하는 것입니다. 그것이 전주의 꿈이 되고 전북의 미래가 될 것이며 한류의 전통이 될 것입니다. 그 꿈은 지금 과학의 날개를 타고 세계로 우주로 날아가고 있습니다.

까치와 비둘기의 생명

아침까치 떡까치라는 말을 들으면서 나는 순창에서 뼈를 불리며 성장했다. 까치가 울면 반가운 손님이 오고 '기쁜 소식'이 있다고 부모님에게 들었다. 그런 날이면 나는 마당으로 나가 감나무를 쳐다보면서, 까치가 날아와 울어주기를 기대하곤 했다. 그 무렵 까치가 날면서 소리를 하면 막연히 누군가를 기다리는 설렘을 껴안게 되었다. 아버지의 형제가 없어 특별한 누가? 올 것 같지 않다는 부정심리 속에서도 군에 간 '형의 휴가'라도 아니면 '누구의 편지'라도 하는 생각에 우체부의 빨간 자전거가 기다려졌다.

단원 김홍도의 〈춘작보희春鵲報喜〉를 보면, 매화나무 가지에 네 마리의 까치가 앉아 있다. 한 마리가 먼저 하늘로 날아오른다. 세 마리도 곧 날아오르려고 몸을 낮추며 날개에 힘을 주고 있다. 갓 맑은 하늘빛 산뜻한 창공으로 까치가 날아오르는 정경은 상상만으로도 즐겁다.

까치는 길상의 새로 믿고 살아왔다. 서러운 사람끼리 가난의 땅에서 오붓하게 살아가는 데 있어 까치가 사랑의 줄을 이어주고 다리를 놓아주면서 희망의 소식도 전해주기에 조심스럽게 대했다.

까치는 음력 칠월 칠석이면 은하수에 오작교를 놓았다. 그리하여 은하수 서쪽 가에 있는 견우 씨와 거문고자리에서 가장 빛나는 별로서 천녀인 직녀 양을 만나게 했다. 이렇듯 가치들은 모여 머리를 맞대 다리가 되어주면 견우와 직녀 두 연인은 종종걸음으로 까치머리를 밟으며 다가가 붙안게 되었다. 그때 까치들은 청아한 목청으로 노래까지 불러주었다. 그래서 지금도 사람들이 반가이 만나게 될 길목에서는 까치가 운다고 했다.

1985년 첫 수필집을 내면서 나는 책 이름을 ≪둥지 안의 까치 마음≫이라고 했다. 제호는 고 변산 김윤길 서예가가 써 주셨다. 까치가 둥지 안에서 오늘은 누구에게 기쁜 소식을 전해 줄 것인가! 하고 하늘의 소명을 기다리는 마음이요, 더 좋은 소식을 하나님으로부터 명받아 부지런히 전해야겠지 하는 마음으로 독자에게 다가가는 글을 쓰고자 했던 마음이었다. 1993년 1월 국민은행은 은행 마스코트로 까치를 선정했다. 책도 엮어냈다. 까치가 축구를 하고 있는 모습도 그려냈고 로고도 만들었다. 까치를 기다리는 마음은 우리 일상에서의 밝은 삶과 행복한 삶의 따뜻한 소망이요 즐거운 기다림이었다.

황지우 시인의 〈너를 기다리는 동안〉이란 시가 생각난다.

"네가 오기로 한 그 자리에 / 내가 미리 가 너를 기다리는 동안 / 다가오는 모든 발자국은 / 내 가슴에 쿵쿵거린다 / 바스락거리는 나뭇잎 하나도 다 내게 온다 / 기다려 본 적이 있는 사람은 안다 / 세상에서 기다리는 일처럼 가슴 애리는 일 있을까 … 우리에게 까치 소리는 기다림이었다.

비둘기는 308종의 새들을 모두 합해 비둘기과라고 한다. 흔히 비둘기라고 부르는 도시 비둘기는 집비둘기의 야생종이라고 한다. 그리고 품종을 개량한 공작비들기와 흰비둘기는 성격이 온순해 마술 공연을 할 때 이용하는 동물이기도 하다. 성서 속의 비둘기도 있다. 창세기의 홍수이야기에 따르면 노아가 땅이 있는지 알아보기 위해 배에서 비둘기를 내보냈는데 올리브 가지를 물어 와서 땅이 있음을 알려줬다고 되어 있다. 그러므로 기독교에서는 성령을 나타내는 상징으로 비둘기를 써왔다.

공원이나 광장에서 쉬고 있는 사람 곁에는 비둘기가 있어 평화스런 여유와 한가함의 고요가 있어 인간만의 외로움을 덜어주는 것 같았다. 교회나 성당의 건물 주위를 날고 있는 비둘기의 모습은 평화스런 분위기를 연출하는 것 같았다. 대학 캠퍼스에서 날고 있는 비둘기는 인류의 꿈을 상징하면서 미래의 세계로 나는 것 같았다.

그랬는데 "한전 '까치와의 전쟁 한창' 둥지 제거반 편성, 퇴치기계 설치. 정전 사고 예방 골머리" "평화의 상징 비둘기 '공공의 적'됐다. 배설물로 문화재 등 훼손… 환경부 포획 가능한 유해동물로 지정 (2009. 05. 31)"

세상이 달라졌다. 미니스커트에 까치발 구두는 신나게 팔리는데 까치는 인간들의 소탕작전의 대상이 되었다. 경제논리에 밀린 비둘기 또한 유해동물일 뿐이란다. 하긴 세상은 지금 아들딸 낳는 것에도 계산만 하는 생명의 주가 폭락시대인 것 같다. 유월은 현충일과 6·25 사변일이 있어 평화와 안정이 더욱 그리운 때이다.

차 벽

아파트는 벽과 벽 사이 공간 지대의 독립생활이다. 그래서 이웃 벽은 있어도 이웃 사람은 잘 모르고 지내는 경우가 많다. 아라비아 숫자로 표시된 몇 동 몇 호는 벽과 벽의 거리상의 공간표시이다. 그러므로 벽 안에 갇힌 삶의 공간에서 평수 넓은 자유를 은근히 과시하며 지내기도 한다. 그러면서도 위층에 노인 부부가 사는가 하면 그 아래 공간에서는 신혼 부부가 달콤한 생활을 하기도 한다. 옆집에는 중병을 앓고 있는 환자가 있을 수 있고 치매를 앓는 이가 있을 수도 있다. 그래도 자기 아파트 공간에는 꽃 피고 향기 피어나는 푸른 꿈이 있어 좋다고 한다.

같은 아파트에서도 벽으로 하여 안방과 작은방, 문간방과 서재로 구분되어진다. 벽 앞 책상 위의 컴퓨터는 폴더라는 벽에 의해 구분

되어지면서 잠금장치에 의한 비밀번호의 벽 문을 열어야 들어설 수 있다. 그러한 가운데 벽에서 벽으로 이동을 하고, 자기 아파트 벽에서 회사의 벽 사이를 오가며 출근하고, 일하고 귀가해 잠을 청하면서 편안한 삶이 지속되기를 희망한다.

연필은 필통 속에 갇히고 성냥개비는 성냥갑이란 벽 안에 누워 지낸다. 나무는 숲이란 벽 속에 있으며, 동물원 짐승들은 울타리라는 벽에 갇혀 산다. 어린이는 어머니의 치맛바람이란 벽 속에서 성장하다 커서는 경제라는 에너지의 벽을 바라보면서 그 속에 갇혀 건강을 외면하고 생명을 소홀히 대하다 죽음이란 관 속에 갇혀 지하에 묻히기도 한다. 운동선수는 자기가 설정한 목표의 벽을 뛰어넘지 못하고 좌절하기도 한다. 정치인은 정치자금이란 유혹의 벽에 부딪혀 형무소라는 벽 속에 갇혀 끝내는 그 벽을 넘지 못하고 자살이란 벽 앞에 무릎을 꿇는 양심적인 사람도 있다. 그래서 정치인은 누구나 교도소의 벽 위를 걷고 있다고 표현하기도 한다.

몇십 년 전에는 사회주의와 공산주의, 민주주의와 자유주의로서 이념의 벽이 높았다. 중국을 인의 장막이니 죽竹의 장막이라고 이념의 벽을 표현하기도 했다. 그러다가 핑퐁외교라고 하여 탁구 선수들이 앞서 외교의 벽을 뚫고서 올림픽 문화로 세계인들의 사상의 벽과 인종의 벽을 허물어가면서 오늘에 이르렀다.

올림픽문화는 광장으로 나아가서 기량을 발휘해 승자에게 박수를 보내며 그 나라의 깃발을 높이 올리게 하는 열림 문화이다. 우리나라에서 개최되었던 88올림픽 때는 개막식 전 행사로서 한 어린이가 굴렁쇠를 굴리며 달려나갔다. 모든 사람들의 박수가 터져나왔다. 그 아름다운 광경을 잊을 수가 없다. 〈손에 손 잡고〉의 노래도 귓전에 남아 있다.

굴렁쇠는 굴러감의 문화이다. 함께 원형이 되어 굴러 전진하는 건강한 문화의 상징이다. 세계가 하나의 원이 되어 굴러보자는 인류의 꿈에 대한 현실적인 상징이었다. 잘난 사람 못난 사람 · 높은 사람 낮은 사람 · 대기업과 중소기업 · 군수와 수위아저씨 · 빌딩 주인과 세입자 · 산간 노인과 박사할아버지 · 경찰과 철거민 · 고액 연봉자와 생활보호 대상자, 모두가 벽을 허물고 동참하여 하나가 되어보자는 것이 대동정신이요 바람직한 자유주의의 이상이 될 수 있다. 벽 쌓기를 좋아하는 나라는 후진국으로서 독재성이 있는 국가이다. 문화의 꽃보다 독재의 중독성이 있는 나라로서 쇠鐵로써 만년필을 만들기보다 무기를 만들고자 꿈꾸는 나라에 가깝다. 고생한 뒤 성공한 자들의 편협성, 그 편협한 벽을 그래서 지성인들과 성직자들은 염려한다.

북한에서는 '벽에도 귀가 있다.'는 속담이 있다고 한다. 이스라엘 예루살렘에는 "통곡의 벽"이 있다. 그 벽에 기도문을 써 틈새에 끼우고 기도를 하면 하나님은 들어주신다고 하는 벽이다. 나도 성지순례 때 그렇게 해 보았다.

현 정부 이명박 대통령께서 집권한 뒤, 국어사전에도 없는 차벽車壁이란 단어가 등장했다. 광장에서 집회가 있을 때마다 사진과 함께 차벽은 나타났다. 의경들이 줄지어 서 있는 그곳을 차로 이쪽과 저쪽으로 갈라놓고 통행의 자유를 막았다. 삼팔선같이—. 차로써 왕래를 끊고 대화를 막고, 의사 소통을 하지 않겠다는 것이다. 비상한 아이디어라고 생각할지 모르겠다. 하지만 앞만 보지 뒤를 보지 못한 단견의 처방이다. 무기의 칼을 생각했지 의사의 메스를 생각 못한 것이다. 대화의 단절과 빼앗긴 자유 뒤의 결과를 생각하지 못한 것이다. 이 땅에 차벽車壁을 없애고 인간의 자유를 방생하기를 간절히 소원한다.

휴대전화 엘보

정읍시 산외면에 사는 농부 시인 송재옥 씨가 ≪시간 구워먹기≫라는 시집을 보냈다. 인사 없이 지내는 인연이기에 전북 사람으로서 글 쓰는 사람끼리의 동지애로 보내 준 것 같았다. 조용한 시간 호두알 까먹는 마음으로 읽어야겠지만 쫓기는 마음으로 시내버스 안에서 몇 편의 시를 읽었다. 〈시詩 정신을 되질한다〉든가 〈늙어보니 늙을 만도 하구려〉라는 시를 읽으면서 나이 든 분의 시 살림을 짐작해 보았다. 그러자니 차 안에서 궁상맞게 책을 읽는가 하는 마음이 스쳤다. 그러다 문득 젊은 나이도 아닌데 시력의 혹사로 '눈의 엘보'현상이 오면 어쩌나 싶기도 했다.

'백성을 어리석게 하고 배고프게 해야 딴소리 안 한다.'는 식의 우민정책을 편 조선시대가 있었다. 신분에 따라 교육의 기회를 제

한하고 비판 없이 시키는 대로만 하는 인권이 무시된 양반사회가 있었다. 그런데 국민이라고 하는 그 당시의 백성들도 머리는 괜찮았던 것이다. 50여 년 전 대학을 졸업한 뒤 곧바로 참치잡이 원양어선을 타고 세계를 돌아다니면서 '우리나라는 왜 이렇게 가난한가?'를 고민한 청년이 있었다. 그 당시 국민 소득은 60달러가 채 안 되었다. 수출이야 연안에서 잡은 오징어와 여성들 머리카락을 잘라 만든 가발이 전부였다. 그런데 우리나라 사람들의 손재주만은 알아주었다고 한다. 그리고 물건을 사고 팔 때 암산으로 척척 계산해내는 원양어선 선원들을 보고 세계인들은 놀랐다고 한다. 이렇게 머리가 우수한데 우리는 왜 가난할까? 답은 교육이었다. 그리고 독서, 책읽기였다고 한다. 그래서 그는 지금 '계열사 사장들에게도 독후감을 쓰라'고 하는 동원그룹 회장이 되었다.

사람의 품성을 제대로 세우고 기르려면 어려서부터 잘 길러야 한다. 입학하기 전부터 책 읽는 습관을 기르는 것이 중요하다. 세종대왕은 하루를 시작하기 전에 언제나 여러 글을 백 번씩 읽었다고 한다. 하루는 몸이 아픈 데도 계속 글을 읽어서 병이 악화되었다. 아버지 태종은 내시를 시켜 그의 처소에 있는 모든 책을 가져오게 했다. 시무룩해진 세종(충녕대군)은 병풍 사이에 숨겨두었던 구양수와 소동파의 편지를 모아 놓은 책 한 권을 꺼냈다. 그리고 아픈 것도 잊고 이 책을 천 번 넘게 읽었다는 기록이 있다.

세종은 집현전을 설치하고 선비를 모았다. 그 신하들 가운데 책벌레로 유명한 사람이 신숙주였다. 신숙주는 당직을 서면서도 장서각에 들어가 평소 보지 못한 책을 읽었다. 이에 뒤지지 않는 김수온은 날마다 책을 한 장씩 떼어 소매에 넣고 다니면서 외우고 또 외웠다. 그래서 뛰는 분 위에 나는 분이 있다는 말이 생겼다. 한편 김규라는 사람은 얼마나 독서를 좋아했던지 앉아서 책을 읽으면 읽는 자리가 뚫리기까지 했다고 한다. 성간이란 학자는 집현전 학사가 된 뒤 장서각 속에 파묻혀 살았는데 밤낮으로 한숨도 자지 않고 책을 읽어 장서각 속의 서적 체제를 꿰뚫을 정도였다고 한다. 또한 김득신은 만 번 이상 책읽기로 소문난 학자였다.

1988년 일본에 갔다. 그때 보았다. 일본 사람들은 우산을 받치고 서 있으면서도 책을 읽었다. 고속철 안 승객 2/3 이상이 독서를 하고 있었다. 한국의 자동차와 전자제품이 일본을 앞질러가는가! 하고 고민하던 일본 경제인이 우리나라를 부러 방문했다. 그리고 그는 안심하고 돌아갔다. 결과는 한국인은 '책을 읽지 않는다.'는 것과 '자투리시간을 이용하지 않는 것'에 있다고 했다. 책을 읽지 않는다는 것은 공부를 하지 않는다는 것이다. 두뇌 성장을 포기한다는 뜻이다. 한마디로 뇌력腦力성장의 멈춤이다. 영혼의 불이 꺼져간다는 것이다.

거리에서 파란불을 기다리며 휴대폰으로 문자 편지를 보내는 젊은이들을 본다. 휴대전화로 통화를 하면서 걸어가는 사람을 만나는 것은 흔한 일상 풍경이 되었다. 시험장에서 휴대폰으로 답을 주고받다가 문제가 된 일도 있었다. 휴대전화만 문제가 되는 것이 아니다. 컴퓨터와 인터넷, DMB단말기, 자동차의 네비게이션까지 휴대용 디지털 기기가 늘면서 인간은 늘 보조기억장치를 몸에 지니고 사는 신세가 되었다. 사람의 뇌보다 보조기기가 우선이다. 책 읽는 손은 그만큼 멀어져갔다.

미국에서는 '휴대전화 엘보'현상이 나타난다고 한다. 테니스 엘보처럼 휴대전화를 오래하면 팔꿈치에 통증이 생기고 손가락이 무감각해지는 현상이 휴대전화 엘보라고 한다. 나도 한때는 전화번호를 몇십 개까지는 외우고 살았다. 그러나 지금은 번호가 바뀐 아들 전화번호도 까먹을 때가 있다. 생각하면 뇌에 쥐가 날 일이다.

아름다운 부자

구름이 하늘의 시라면 / 파도는 바다의 음조입니다 / 바람이 들녘 판소리라면 / 갈대의 흐느낌은 대금 연주이며 / 줄 없는 현악기의 음보입니다 // 옥수수 같은 갈대 곁에 서면 / 누군가의 그리움에 눈물이 고입니다 / 그때 바라보는 구름은 / 인생은 누구나 외롭게 살아가는 것이요 / 한 편의 짧은 시나리오 같은 거라고 일러줍니다. // 언제나 묵언 수행하는 청산을 보라고 합니다.

제주도 한라산 가는 길에 키가 큰 억새풀 밭 지나면서 써보았던 나의 습작 시입니다. 이 풍경은 ≪그 섬에 내가 있었네≫의 사진작가 고 김영갑 씨의 책 앞부분에 사진으로 담겨 있습니다.

악수 한 번 한 일 없고, 얼굴 한 번 본 일 없으며, 그의 형제자매도 만나 본 일 없습니다. 그런데 그가 세상을 떠났다고 했을 때 나는 가슴 한쪽이 떨어져 나가는 통증을 느꼈습니다. 예술을 하는 큰 길에서의 도반의식에서라기보다는 정신적 동병상련이요, 의식적 동지애의 불행한 끝을 보는 감정의 결과였을 것입니다. 내 주위에는 사진을 업으로 하는 사람이 있습니다. 지금 세상은 휴대전화에도 카메라가 안방에 자리잡고 있습니다. 그래서 사진을 쉽게 주업으로 삼아 살아가기가 힘이 듭니다. 그래서인지 친구는 가끔 자기 업을 비하하는 뜻에서 '찍사'라고 합니다. '사진을 찍는다.'의 준말일 것입니다. 그럴 때 나는 카메라의 조리개를 닫듯 눈을 지긋이 내려 감곤 합니다.

"산다는 것이 싱거워지면 나는 들녘으로 바다로 나간다. 그래도 간이 맞지 않으면 섬 밖의 섬 마라도로 간다. 거기서 며칠이고 수평선을 바라본다. / 나는 파랑새를 찾아 세상을 떠돌았다. 등에 업은 아기를 삼 년이나 찾아다녔다는 노파의 이야기와 다를 게 없다. 내가 서 있는 이곳이 낙원이요 내가 숨쉬고 있는 현재가 이어도이다. 아직은 두 다리로 걸을 수 있고 산소호흡기에 의지하지 않고도 날숨과 들숨이 자유로운 지금이 행복이다. 라고 생각하면서 제주도에서 숨쉬고 그곳 바다를 응시하는 게 일과였다. 그리고 이어도를 사진으로 촬영해 남기고자 했다." 김영갑 사진작가! 그는 남제주군 성산읍 삼달리에 있는 폐교를 인수하여 국제적인 수준의 아트 갤러리로 꾸며 놓고서 루게릭병으로 저 세상으로 건너갔다. 점점 퇴화하는 근육으로 몸을 움직일 수 없게 되는 불치의 병을 앓으면서 자신의 작품과 생명을 맞바꾼 것이다. 아름다운 부자로서 가치 있는 작품적 삶을 산 것이다.

루게릭병으로 '눈말'만을 할 수밖에 없는 한 환자가 7년째 투병생활을 접고 자기 같은 사람을 위해 써달라고 하면서 7천만 원에 가까운 돈을 사회에 남기고 갔다. 카린이라는 스웨덴 여성은 잘 나가던 방송 앵커였다. 그런데 이 여성 역시 루게릭 환자로서 ≪원더풀≫이라는 기록의 책을 남기고 갔다. 생전에 그는 남편 도움으로 용변을 보면서 눈물을 흘렸지만 푸념이나 감상의 흔적은 없었다고 한다. 주어진 삶과 운명에 오케이 하는 태도였다고 전한다. 세상을 떠난 그날도 그녀는 자기 딸이 알파벳 글자판을 들어 보이면서 엄마의 깜박이는 눈동자를 주시했다. 그때 그녀는 눈으로 쓰는 글 즉 눈의 말로서 알파벳을 치는데 '원더풀'이라고 썼다. 1 분 1 초 모든 순간을 '영원한 현재'처럼 놀랍게 살라는 뜻일 것이다. 정말 놀라운 일이다.

누구나 늙고 생명은 사라져간다. 시간은 발병도 나지 않는다. 우리의 생명 길에는 오일도 필요하지 않다. 다만 각자의 삶을 자기의 자리에서 열심히 살아가야 할 뿐이다. 그래서 "쇠뿔도 각각, 염주도 몫몫"이라는 말이 생겼을 것이다. 가질 수 없는 삶에 대한 향수, 정신만이 아니라 온몸을 던져 뭐가 되고픈 욕망! 누구는 사진을 인생의 업으로 남기고 가고 누구는 문학작품을 남기고 간다. 화가는 천지창조 같은 그림을 남기고 갔다. 그런가 하면 경제인들은 많은 돈을 자녀에게 상속하기도 한다. 그러한 과정에서 여러 가지 방법을 동원해 법질서와 사회 분위기를 해치면서 국민들의 감정을 해치고 분노하게 하는 경우도 있다.

미국 경제학자 슘 세터라는 이는 하버드 대학에서 마지막 강의를 하면서 '사람의 삶을 진정으로 변화시킬 수 없는 책이나 이론은 아무 소용없다.'고 했다. 여기에서 책이 학자와 예술가 몫이라면, 이론은 정치인과 특별한 기업인들에게 해당될 것이다. 우리나라에서 아름다운 부자 열 명을 꼽는다면 누구누구일까. 아침저녁으로 TV의 화면에 나타나는 인물이나 신문에 얼굴 자주 내미는 사람보다는 힘들게 살아오면서도 봉사할 줄 아는 그런 분들이 아닐까. 우리 주위에 아름다운 부자가 많아졌으면 하는 희망을 품어본다.

전북이 낳은 두 여성 산악인

태극기는 이름표만하게 왼쪽 가슴에 달고 후원사 마크는 장판 같이 크게 전면에 펼치고 등정 기념 사진을 찍어 남기는 것이 산악인들의 습관이 되었다. 그런 과정에서 히말라야 14좌의 도전 중 11좌에서 끝장을 본 고故 고미영 씨는, 몸이 눈 속에 1/3정도 묻힌 채 얼마간 피를 흘리고 저승으로 갔다. 눈 속에 핀 매화는 지조의 상징으로 알고 지내는 게 동양인의 정서이다. 그래서 그녀가 흘린 선홍의 피는 히말라야 낭가파르바트 정상에서의 하산길, 한 송이의 매화로 산악인들의 가슴속에 각인될 것이다. 히말라야로 떠나기 전 '역경지수'를 믿는다고 말한 고씨는, 스물두 살 때인 1989년 6월 25일 북한산 등산 도중 남들 다 가는 백운대행 일반 등산로가 싫어 만경대 능선으로 홀로 접어들었던 게 내 인생을 바꿨다고 말했다.

고인이 된 고미영 씨 평소의 웃음은 고른 치아가 해맑게 받쳐 주었다. 눈매는 짱짱한 가운데 깊숙한 의지가 담겨 있었다. 그의 인생은 1967년 7월 3일 태어나 2009년 7월 12일을 끝으로 생을 마감했다. 소속은 코오롱스포츠 챌린지팀, 학력은 상명대학교 체육학과 석사과정, 경력은 2009년 네팔 카첸중가(8603m) 등정 성공, 수상은 제2회 노스페이스 아이스 클라이밍 페스티벌 여자 우승이 공개된 그의 인적사항이다. 평소 고향을 말하지 않았던 고씨는 전북 부안에서 태어나 고등학교 때 인천으로 전학, 졸업 후 농수산부 교육원 공무원으로 취직한다. 그리고 그는 1993년 암벽등반대회에 처음 출전해 6위를 했다. 2년이 지나서는 국내 1위가 됐다. 암벽손잡이(홀드)를 잡은 손은 벗겨지고 또 벗겨져 두꺼운 굳은살이 박혔다. 1997년, 12년 다니던 직장과 생이별을 한다. 포장된 도로를 버리고 벼랑 바윗길을 택했다. 그런 그는 '어떤 상황에서도 행복할 수 있는 것'이라는 말을 노트에 적어놓고 부적처럼 들여다보았다. 새벽 4시 기상해 달렸다. 웨이트레이닝과 외국어 공부와 독서로 밤늦게까지 노력했다. 그러는 동안 그에게는 숙명적으로 히말라야의 길로 접어들게 되어 있었다. 고상돈 씨의 맥킨리 등정 하산 사고도 생각 못한 것 아니다. 그런데 산의 '정복과 경쟁' 사회적인 '부와 명예'가 끈질기게 달라붙었다. 산악인과의 경쟁, 후원사들 간의 기록 경신으로, 악조건 속에서도 행복할 것이라고 주술처럼 외우던 그도 끝내 히말라야 낭가파르바트 정상에 등정 성공한 뒤 7월 11일 하산 도중 실족해 목숨을 내놓았다. 그리고 수원 연화장에서 화장되고 유해 일부는 부안 선산에 뿌려졌다. 나머지는 오은선 산악인과 김재수 대장에게 부탁해 그가 오르지 못한 히말라야 3개봉에 나눠 뿌릴 것으로 알려졌다.

전북 남원 출신으로서 서울시교육청 공무원직을 그만두고 산악인의 길로 들어선 지 16년이 된 오은선(43)이란 여성 산사람이 있다. 전북산악연맹에서 지난 해 히말라야 정상과 로체봉을 올랐을 때, 단장 역할을 했던 김경근 씨와도 베이스캠프에서 몇 번 만났을 만큼 우리 고장을 생각한다. 세계의 지붕이요 죽음의 지대라고 하는 곳을 산소마스크 쓰지 않고 오른다는 게 어디 동네 뒷산 오르듯 쉬운 일인가. 오은선 그는 고미영 씨 선배다. 1966년 남원에서 태어났다. 소속은 동진레저 블랙야크이며, 숙명여대 대학원생이다. 2007년 세계 제2 고봉 k2를 등정했고 수상으로는 대한산악연맹 산악 상 고산등반 부분이 있다. 모습은 어딘지 지리산 자락 남원고을의 수줍은 산색시 티가 있어 보인다. 155cm 키에 몸무게 50kg이다. 작은 몸집이지만 폐활량은 황영조보다 낫다고 한다. 이 여인도 무산소 등정을 하고 나면 '혈관이 터질 듯 부풀어 오르고 불면증에 기억력까지 떨어져 집 전화번호가 떠오르지 않을' 정도라고 했다. 그는 14좌 중 11개째인 9좌를 산소통 없이 올랐다.

세계 최초로 14좌에 성공한 전설의 산악인 '라인홀트 메너스'도 14좌를 완성하는 데 16년이 걸렸다. 그런데 엄홍길과 박영석을 경쟁시켰듯, 고미영과 오은선을 신경 쓰이게 했다. 금년 안에 끝내야 한다는 식의 몰아붙이기가 있었다. '14좌 등반은 이름값을 높여서 등반 후원금을 모으기 위한 것'이라고 고인은 생전에 말했다고 한다. 후원사와 후원인들의 진정성 있는 말을 듣고 싶다. 고미영과 오은선은 전북이 낳은 딸자식이었다. 전북의 기업체가 후원사 되어 서서히 큰 그릇으로 키워나갔으면 하는 생각을 버릴 수 없다. 고인의 명복을 빈다. 살아남은 오은선 씨의 오름길에 하나님의 축복을 기원한다. 전북산악연맹의 고문으로서.

오기택과 아빠의 청춘

생활의 중심에서 가끔 뵈는 선배가 새로운 자동차를 소유하게 되었다. 아들들이 뜻 모아 최고급으로 뽑아 준 것이다. 그분에게 나는 우리 아이들은 언제 그런 마음을 써 줄 자립의 시기가 올지 모르겠다고 농담삼아 말했다. 그분은 금방이니 조금만 기다려보라고 했다. 자식이 안정된 직장에서 성장해 가면서 자동차로 효성의 시를 쓴 그 마음들을 꼭 껴안아 주고 싶었다. 자동차를 선물받은 분에게 드릴 선물을 생각해 보았다. 금전의 높이보다는 생각의 따뜻함이 느껴지는 선물을 생각했다. 옛 경전라사 사거리에는 '신신악기사'가 있었다. 그곳으로 갔다. 도심의 쓰나미 현상인가 흔적도 없이 사라졌다. 교보문고 지하층으로 갔다. 〈바닷가에서〉의 안다성 노래 테이프를 찾았다. 제작 중단된 지 오래여서 재고만 약간 있어 찾아본다고 나올 것 같지가 않았다. 농협 경원동지점 맞은편에서 가게를 본 기억이 났다. 그곳으로 갔다. 사라질 듯 사라질 듯 수명을 버텨 온 가게다. 테이프만 꽂아 놓은 왼쪽 벽면을 몇 번 훑어보았다. 안다성은 없었다. 주인은 찾는 이가 더러 있는데 그 테이프는 없노라고 했다. 대신 녹음을 해 주거나 CD로 구워 줄 수는 있다고 했다. 얼마나 걸리느냐고 물었다. 두 시간이라고 했다. 부탁을 하고 두 시간을 궁굴리기 위해서 발길을 옮겼다.

동문 네거리 '동문액자'로 갔다. 이승헌 사장과 농담을 몇 마디 주고받다 '길목'이란 막걸리집으로 갔다. 전주화방 이승목 사장과 대포를 마셨다. 그리고 시간이 되어 테이프가게로 갔다. 안 되었다고 내일 오라고 했다. 다음 날 일부러 찾아갔다. 또 안 되었다고 했다. 컴퓨터에서 노래를 다운받아야 하는데 찾는 데 네댓 시간이 걸린다고 했다. 바빠서…. 가슴에서 뜨거운 김이 올라왔다. 여보시오 그러면 어제 전화번호도 적어 주고 갔으니 사정을 말하거나 해서 다음에 오라고 했어야지 호성동에서 이 더위에 예까지 오게 해 놓고 이제 와서 안 된다면 어쩌자는 것이오. 어려우면 안 되겠다고 하면 되는 것 아니오 라고 말하니, 그러면 그렇게 합시다. 하는 것이었다. 안다성의 기분 좋은 노래는 그렇게 잉태되었다 사산되고 말았다. 교보문고로 가서 오기택의 노래를 가볍게 구워놓은 CD를 두 장 샀다. 값은 저렴했다. 그 분에게 하나 드리고 내가 하나 쓰기로 했다. "궂은비 하염없이 쏟아지는 영등포에 밤 / 내 가슴에 안겨 오는 사랑의 불빛! —" 이 얼마 만의 노랫소리인가! 귀에 착 앵겼다. 그래 잘 됐다. 없다는 안다성 것만 찾고 다니는 꿀꺽스런 사람이요 귀찮은 손님보다는 차라리 오기택의 〈영등포의 밤〉·〈아빠의 청춘〉·〈우중의 여인〉·〈고향무정〉과 〈충청도 아줌마〉가 낫지 아무렴 음악도 궁합이 있지 싶었다.

오기택 노래는 중저음 목소리로서 감정의 무게를 실리게 한다. 흡인력 또한 좋은 편이다. 그만의 음폭과 음역과 음의 질량이 부드럽고 매끄러워 대중적이다. 그러한 그는 1939년 해남의 바닷가에서 태어났다. 그리고 서울의 성동공고를 졸업하고 동화예술학원에 입학, 1961년 12월 제1회 KBS 직장인 콩쿠르에서 1등을 한다. 이때 부른 노래는 〈비극에 운다〉이었다. 그 뒤 그는 신세기에 전속 가수가 되고 본격적인 가수 활동을 시작, 〈우중의 여인〉·〈영등포의 밤〉등을 취입한다. 이듬해는 해병대 군예대로 입대 한다. 그리고 영화 〈모녀 기타〉·〈마도로스 박〉·〈바람아 말하라〉의 주제곡을 부른다. 제대 후 그는 한 달 평균 20여 곡 이상을 취입 1,000여 곡의 노래를 불렀다. 그 중 역사적인 사건이 1966년의 노래다. 배고픈 시절 새마을사업이 한창일 때, 튀어나온 노래가 '이 세상에 부모 마음 다 같은 마음 아들딸이 잘 되라고 행복하라고…' 아빠의 청춘이라는 노래는 부모와 자식 간의 정을 새롭게 이어주는 동아줄이 되었다. 희망적이었다. 나도 아버지 회갑 때 불렀던 노래이다.

IMF 뒤에는 ≪가시고기≫라는 소설이 나와 아빠의 눈물을 이해하려고 하더니, 지금은 세 살배기 손녀가 "아빠 힘내세요. 래은이가 있잖아요!"하고 제 아비 출근길에 노래를 불러준다. 오기택은 1996년 12월 제주도의 추자도에서 혼자 낚시하다 쓰러졌다. 추위 속에 2일 동안 용케 견디다 헬기로 구출되어 뇌출혈 수술을 받았다. 지금은 여의도의 작은 아파트에서 그의 노랫말처럼 '아련한 불빛과 쓸쓸한 여의도 비행장'을 생각하면서 재활치료를 받고 있다. 그도 나도 나이를 삼켰다. 그의 노래는 내 마음의 고향 음악이 되었다. 그가 노래할 때 나는 청춘이었고 학창 시절이었다. 자기 삶의 중심지대의 문화는 쉽사리 잊히지 않는 법이요, 노래는 자기 몸을 악기삼아 감정을 표현하는 예술이요 삶의 문화이다.

우주 시대를 맞이하고픈 대한민국의 꿈

"지구는 우주의 오아시스."다 라고 말한 사람은 아폴로 우주 선장 유진 서넌(Eugene Cernan)이다. 우주 공간에서 지구를 쳐다보아도 대기권이 파랗게 보이는데 이 지구의 푸름은 수水권과 대기권으로 구성된 생명권(bio Sphere)이 갖는 푸름이라고 한다. 보통 우주선에서 소변을 보기 위해서는 깔때기처럼 생긴 소변기에 페니스를 넣고 그대로 우주선 밖으로 방출했다고 한다. 우주선 안의 기압은 높고 우주선 밖은 진공이기 때문에 소변은 우주선 밖으로 빨려나간다. 우주복을 착용하고 있는 경우에는 이 소변기를 쓸 수 없기 때문에 자체 채뇨 봉지를 사용했다. 우주선 밖으로 방출된 소변은 순식간에 얼어 미세한 얼음 결정체가 무수히 생기는데 우주선에서 본 경치 중 가장 아름다운 것 중의 하나가 해질 무렵의 소변이라고 하고 이것을 '우주의 반딧불'로 표현한 사람은 존 글렌 비행사였다.

은하계에서 지구의 위치는 어떤 것인가. 실제로 지구는 이 우주에서 너무나 국지적인 장소라 한다. 전 우주에는 천억 개의 은하계가 있고, 우리 은하계는 그 한쪽 구석 가운데 하나에 지나지 않는다. 따라서 우리가 보는 태양은 은하계를 구성하는 1,000~2,000여 개 항성 가운데 하나에 불과하다. 그리고 우리 지구는 그 태양을 둘러싼 9개의 행성 가운데 하나일 뿐이다. 그리하여 170만 년 동안 지구 밖으로 한 발자국도 나가지 않고 성장한 인류는 그동안 그 의식의 바닥까지도 지구적인 국지성으로 형성되어 왔다고 볼 수 있다. 우주 비행사들이 우주 공간으로 나갈 때 지구 환경과 함께 나간다는 말이 있다. 우주선과 우주복 내부에 지구 환경을 담아서 우주로 나가기 때문이다.

"우주공학은 신기술 개발의 저수지"라고 말한 이는 동국대학교 이관수 교수이다. 그리고 우리나라 최초의 우주 발사체 나로호는 인간이 달 착륙 40주년을 맞는 금년으로서 우리의 우주 진출의 역사에서 또 하나의 변환곡점이 될 것이라고 했다. 현재 운영 중인 인공위성은 900여 개에 이른다고 한다. 이 중 40%는 3만 6,000km 상공의 정지궤도상의 통신 위성이고, 50%는 2,000km이하 궤도에서 머물러 있다고 한다. 540여 개의 위성이 어떤 형태로든 통신 · 방송용으로 사용되고 있다. 나머지는 대부분 지구를 관찰하는 안보 · 상업 · 과학 위성이다. 이 모든 위성이 지구가 사랑방이라면 툇마루까지 와서 안방을 들여다보고 있는 셈이다. 물론 우주 탐사를 목표로 하는 일부 위성은 제외하고. 우주공학은 목적보다도 그 과정에서 많은 신기술을 낳는다고 한다. 그리하여 위성 제작 및 발사능력은 안보의 자산이 되고 있다. 그러므로 우주 활동 능력은 곧 지구상에서의 능력이 된다.

나로 우주센터 준공식에서 대통령은 "10년 내 세계 7대 우주 강국이 될 것"이라고 했다. 경제적으로 잘사는 나라 세계 13위보다는 세계 7대 우주 강국이 훨씬 매력적이다. 선한 기술과 순수한 두뇌에서 얻은 능력이 미래 세계로 가는 꿈의 항구 역할을 한다는 점에서 더욱 그렇다. '나로 우주羅老宇宙 · Naro Space 센터!'는 전라남도 고흥군 봉래면 예내리 하반마을에 위치해 있다. 대한민국 첫 번째 우주센터이다. 그리고 인공위성 로켓 및 우주 발사체 발사 장소이다. 2009년 6월 11일 준공되었다. 세계 13번째 우주기지를 보유하게 된 것이다. 물론 러시아의 기술 협력으로 가능했다. 그러나 2018년에는 순수 독자 기술로 개발할 계획으로 있다. 2025년까지는 달 탐사 착륙선을 개발하는 등 우주 탐사 프로그램이 장기적으로 추진된다고 했다. 그래서 우리는 이쯤에서 "대한민국 우주 강국 첫 발을 내디뎠다."고 외치고 싶었다. 그러나 비극인가 비운인가. 실력 종속국가의 아픔인가? 지난 25일 인공위성 발사용 로켓이 대한민국이라는 이름을 선명하게 새기고 카운트다운과 함께 하늘 높이 날아올랐다. 그랬는데 끝내는 무게 중심을 잃고 기울어 궤도에 올라가지 못해 전 국민을 안타깝게 했다.

내 개인적으로 국가적인 꿈을 말하라면 이 우주센터에서 선진국보다 먼저 개발한 기술로 백화점의 에스컬레이터 같은 기계를 타고 우주여행을 떠날 수 있는 그날이 속히 왔으면 하는 소망이다. 그리하여 별나라 달나라에서 우리 후손들이 먼저 가 자리잡고 살 수 있었으면 좋겠다. 632년 전 우리 조상 최무선이 꿈꾸던 로켓은 지난 25일 발사된 '나로호'가 어느 정도는 이루어 주었다. 그래서 기술진들을 위로하고 싶다. 내가 재벌의 자리에 있다면, 평생 동안 나로우주센터의 비용을 모두 부담하겠다는 제의를 하고 싶다.

김경희 수필 · 칼럼집

매화 눈트는 이 아침에

인　쇄 / 2009년 12월 21일
발　행 / 2009년 12월 28일

지은이 / 김 경 희
발행인 / 서 정 환
발행처 / 신아출판사

출판등록 / 1984년 8월 17일 제28호
주　소 / 전주시 완산구 태평동 251-30
전　화 / (063) 275-4000, 252-5633
팩　스 / (063) 274-3131
E-mail / sina321@hanmail.net

값 10,000원

ISBN 978-89-5925-644-0　03810

※ 이 책은 전라북도 문예진흥기금 일부를
지원받아 발간하였습니다.